JN312754

命かがやいて

被爆セーラー服のなみだ

大西知子 著

東信堂

■写真は河内（旧姓阪本）光子さん。（中国新聞社提供）「これは確かに私の後ろ姿です。」（一九七二年）と名乗りでた。被爆した当時、広島女子商業学校の2年生でした。

■『ライフ』誌に被爆当日の写真（松重美人撮影）が掲載された。一九四五（昭和20）年8月6日午前11時ごろ。

TEN MINUTES AFTER THE BLAST YOSHITO MATSUSHIGE SNAPPED HIROSHIMA'S "WALKING DEAD," LATER WASHED THIS DEVELOPED FILM IN CREEK NEAR CITY

WHEN ATOM BOMB STRUCK—UNCENSORED

A collection of scratched and dusty photographs, retrieved from half-forgotten files, has just struck Japan with the impact of a delayed fuse bomb. For the first time Japan has seen—and been shocked by—visual evidence of what happened to the people of atom-bombed Hiroshima and Nagasaki. And the collection, published here for the first time in the U.S., has the immediacy of today's news pictures for any people who live in the not illogical fear of being caught themselves in an atomic blast or in the terrible work of tending those who are.

Like the rest of the world the Japanese knew only the physical facts of atomic destruction, the statistics of death, the stories of what happened under the mushroom cloud. But, with one or two exceptions, pictures taken by five Japanese photographers in the first hours of terror after the blasts had been suppressed by jittery U.S. military censors through seven years of the Occupation. In that time many negatives were damaged or lost. Some, processed in inferior wartime chemicals, deteriorated beyond use. Nonetheless, early this year, even before the Occupation formally ended, enterprising Japanese publishers began rounding up those photographs still left. Last month, with U.S. censorship abolished by the peace treaty, the publishers rushed into print with three books and a 26-page newspaper supplement. They sold out almost overnight and publishers ordered fresh editions.

HIROSHIMA'S VIEW OF CLOUD

In Japan it had been feared the stark record would touch off new waves of anti-Americanism. But the lesson of the pictures went much deeper than that on the people who had started the war which led to Hiroshima and Nagasaki. Almost with one voice those who saw the long-suppressed photographs renewed a heartfelt cry—nearly forgotten since the Korean war and the threat of Russian aggression—for pacifism, neutrality and peace at any price. In Nagasaki, at a memorial to those who died there, a teen-aged survivor voiced the common fear: "With all my might, as I once cried out for water out of thirst while crawling among the charred bodies on that fateful day, I should now like to cry 'peace, peace.' "

1952（昭和27）年9月　米誌『ライフ』にのったセーラー服の少女

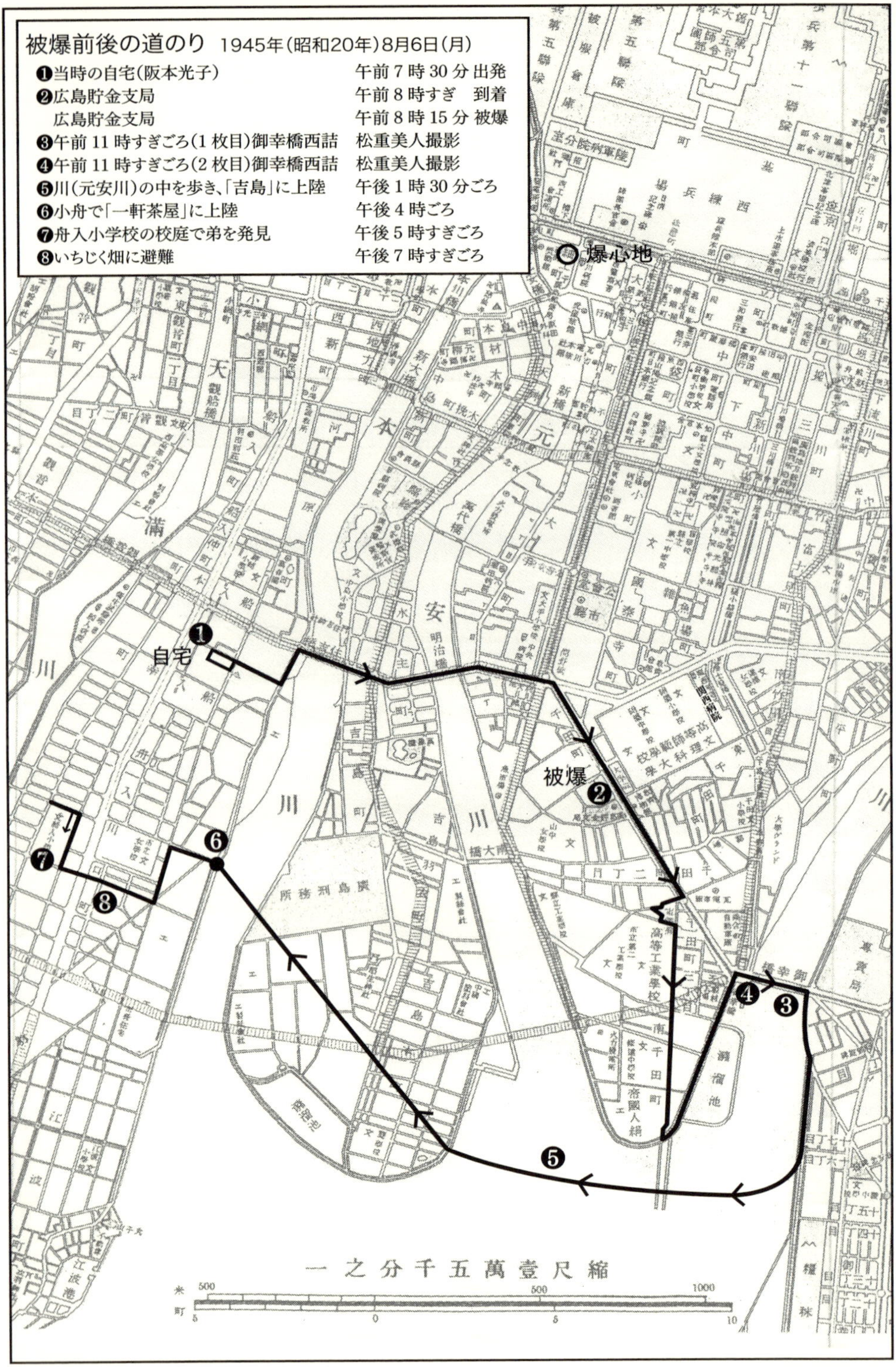

地図提供　1938 (昭和13) 年発行「最新大広島市街地図」1975 (昭和50) 年マツノ書店復刻版

「地の底の骨よ」

映画監督　新藤兼人

不意に、なんの警告もなく、広島の頭上にやってきて一個の爆弾を落とした。

そのとき広島の人たちは、朝めしをすましたところで、主婦は台所で後片付けをはじめ、男たちは会社や役所に急ぎ、男女の学生たちは建物の疎開作業のため現場に向かっていた。

あとでわかったことだが、落ちてきた一個の爆弾は、ふつうの爆弾ではなく、人類がかつて見たこともない原子爆弾というものであった。

これを作った科学者の集団は、たびたび砂漠で実験をしたが、ネズミやトカゲの小動物を殺すのみで、彼らのアタマを満足させる結果ではなかった。

そこで目的の人間を殺してみようと思い、広島へやってきたのだ。戦場ではなく、平和な日常生活をおくっている都市が選ばれた。戦場へ落とせば、味方の兵士を殺傷するからである。

そして、一九四五年、八月六日八時十五分がきた。

原子爆弾が炸裂。太陽よりも熱い熱線と凄まじい暴風で広島の街はコッパミジン。人びとは五体が千切れ、首が飛び手足がもがれ、熱線に焼かれた皮膚をボロ布のように引きずった。

原爆投下に成功したエノラ・ゲイ機からは無電で報告。固唾を呑んで報告を待っていた科学者と軍人は、成功に歓喜して祝杯をあげ、グラスを足下に叩きつけた。

広島では、そのとき、頭を砕かれて死んだ子を抱え、助けて、と叫びまわる狂乱の母親、熱い、熱い、と悲鳴をあげて川へ飛び込み溺死する女、水をくれ、のどが焼ける、とのたうちまわる瀕死の人。

放射能がしずかに地を這い、人びとの骨まで忍びこみ、死の谷へ引きずって行く。

ああ、あっ、と叫ぶひまもなく、何がどうなったか知らないうちに死んだ人たちの骨が、いまも広島の街の地下にある。あるいは川の底にある。

これを拾いましょう。

目次／命かがやいて

――被爆セーラー服のなみだ――

※第一部から第四部7までは、大西が河内（旧姓阪本）さんの聴きとりに基づいて記述したものである。

（表紙の写真は、中国新聞社提供）

命かがやいて

――被爆セーラー服のなみだ――

1. 被爆する前の私の家族とくらし

私は一九三一（昭和六）年に、広島市西区で生まれました。

家族は五人。両親と兄・弟・私です。一九三五（昭和十）年、産みの母は三十八歳の時に病で亡くなりました。私が五歳の誕生日を迎える八日前でした。父は四十七歳、兄は十一歳でした。

一九三七（昭和十二）年、私が六歳の時、新しい母フミさんが我が家に嫁いできました。フミさんはそれまで近所に住んでいて、顔見知りでした。

父は、大工の仕事をしていたので弟子と職人を二、三人抱えていました。仕事柄、人の出入りが多くて母は多忙な日々を送っていました。

1936（昭和11）年
阪本光子さん　5歳

1933（昭和8）年
左側　阪本光子さん　2歳
右側　阪本良二さん　7歳

一九四四（昭和十九）年、弟子や職人が外地へ出征して行くようになり、思い切って天満町から舟入幸町に引っ越すことになりました。

この家は、以前「せんべい屋」として営業していました。その家の内装をすっかり替え、母が菓子店「ほがらかや」を開店しました。店には、せんべいやチョコレート、ボタンアメなどを売っていました。お客さんから注文があれば、問屋から取り寄せたり進物用として品物を揃えたりしていました。嬉しいことにお客さんが次々と来るようになりました。母は日増しに忙しさが増し、夜は父も手伝うようになりました。

店の前は原っぱで、その奥に「昭和劇場」という映画館があり、時代劇や現代劇を上映していました。

兄は、自宅から十五分ぐらいかけて天満小学校へ自転車通学をしていました。無事卒業すると、広島県立広島商業学校（現在、広島県立広島商業高等学校）へ入学、白いゲートルを巻き、黒い風呂敷に教科書を包み、胸を張って通学しました。

1944（昭和19）年3月
広島市立舟入小学校　6年生卒業写真[1]

一九三九（昭和十四）年一月、寒い明け方に二度目の母（当時、三十八歳）が弟の史郎を出産しました。兄は大喜び、女の子を期待していた私はすっかりしょげ返ってしまったのを憶えています。

母は、私を本当に良く可愛がってくれたので、だんだんと好きになってきました。実家に残してきた娘のことを語ることもなく、実の娘同様に愛情を注いでくれました。

私は当時、舟入小学校に通っていました。母は勉強に熱心で、一学期の終わりころになると「父兄会」があり、かならず授業参観してくれました。

ある「父兄会」の日、お母ちゃんの姿が教室に見当たりません。キョロキョロ廊下を眺めていると、先生に「よそ見をしては駄目です。」と注意されたものです。しばらくして、後ろを見ると、おじやちぢみを着こなして、髪を整えたきれいなお母ちゃんの姿がありました。心の中で「うちのおかあちゃんが一番や」と誇りに思っていたくらいでした。私は調子にのって、何度となく手を上げていたそうです。そのことが、家族のなかで笑いの種となり、日増しに「うちのお母ちゃんだ」と思えるようになってきました。

「父兄会」がある時は、近所の中沢啓治さん（「はだしのゲンの作者」）のお母さんに、弟を預けてきたとか。時々、お菓子を持って行くなど行き来をしていたようです。

家が道を挟んでいたので、中沢啓治さんは神崎小学校へ弟の史郎は舟入小学校へ通いました。二人は小学校は違っていましたが、同級生なのでよく一緒に遊んでいました。

注1　写真を疎開

家庭は豊かではないけれど、実父が写真の趣味で、写真を疎開させていました。

2. 被爆前日の八月五日（日曜日）

一九四五（昭和二十）年八月五日（日）は、勤労奉仕が休みでした。少しゆったりした気分になれそうな一日の始まりでした。

ふと私は、「お母ちゃん。上天満町のおばあちゃん（新しいお母さんの母）のところへ行こうや。」と言うと、お母ちゃんは、「光ちゃん、どうして行きたいの。いつ空襲になるか分からんのに」と言いました。「あのね、学徒動員[2]先で毎日もらうミカンの瓶詰をおばあちゃんに食べさせてあげたいの。鳥取へ入隊したお兄ちゃんにも食べさせたいね。」と言うと、お母ちゃんは「分かった。史郎と三人で行ってみようね。」と言ってくれました。

当時、広島の街は、広島電鉄の市内電車がいくつもの路線を走っていました。その電車を利用して、二キロメートルほど離れたおばあちゃんの家へ行きました。

おばあちゃんは、「よう来たね。元気そうだね。安心したよ。」と言ってかけ寄り、ぎゅっと抱きしめてくれました。「今日はあんまりサイレンが鳴らんので、小河内川で史郎に水浴びをさせてやったら。」「ほうね。お母ちゃんと三人で川に行こうよ。」と手をつないだまま童謡を歌いながら大はしゃぎで行きました。六歳の弟に水をジャブジャブかけてやると、キャッキャと大喜びです。パンツまでびしょ濡れになり、大笑いしたものです。

注2　学徒動員令
一九四四（昭和十九）年八月、国から学徒動員令が発せられ、軍需産業部門に対する労働奉仕が強制されることになりました。被爆による火災の拡大を防ぐ目的から、同年十一月に内務省の告示により、消防道路・防空小空地を造ることにより、広島市内では多くの場所での建物疎開を実施しました。

夕方、家に着くとお母ちゃんが、嬉しそうな顔をして「光ちゃんありがとう。おばあちゃんがあんなに喜んでくれて」と私にお礼を言ってくれました。思いがけない言葉に戸惑いつつもちょっと照れてしまいました。

・左側　長男：義明　10歳
・中央　阪本アキ（最初の母）
・右側　次男：稔　6歳
・右上の女性（横須賀在住の叔母）
※この時、河内光子（阪本）さんは、誕生していない。
（1925（大正14）年撮影。現在、全員死去）

3．被爆（八月六日　月曜日）運命の日

私は広島女子商業学校二年生、十三歳でした。

毎朝、午前六時に起床。当時、お菓子の配給所になっていたので、店の内外をじょうろで水を撒き掃除をするのが日課でした。いつものように掃いていると、「光ちゃんお久し振り！　元気じゃね。今から県庁の前へ勤労奉仕に行くんよ。」と誰かの声が聞こえました。ふと顔を上げると、大親友の来栖満智子さん（マッチャン）が立っているではありませんか。彼女は別の学校へ通っていて、なかなか逢うことがなかったので、嬉しくてたまりません。

「今日は、なるべく早く帰るけん。あんたも早うにね。大事な話があるんよ。本当よ。夕方、会おうね。」と、スコップを肩に大張り切りで行きました。

その時「光ちゃん、ご飯が炊けたよ。」とお母ちゃんの声です。急いで掃除道具をしまい、台所の板の間に座りました。神様には白いお米とお水、仏様にはご飯をお供えすると、みんなで手を合わせて拝むのです。そのあと、弁当箱にご飯と梅干を入れます。

おかずは野菜を煮たものが入ります。今朝のご飯は、大根を刻んだ大根飯です。白いお米が入っているだけでもご馳走です。

■ 午前七時三十分　家を出発

我が家の前には、学徒動員[3]に行くためにいつものように女子商の友だちが、ぼちぼち集まり始めました。防空頭巾をかぶり、肩から左側の脇に向けて、タスキ掛けをした布の袋の中には、日本手拭いとちり紙、弁当が入っていました。頭には鉢巻をして、六人で隊列を組んで出発です。

住吉橋まで来ると、途中で警戒警報解除のサイレンが鳴りました。そこから明治橋を渡り、鷹野橋商店街を通り抜けて、日本赤十字の前を通り広島貯金支局[4]へ向かいました。

一週間前は、比治山の鶴見橋辺りで作業をしていたのです。作業内容は、爆弾が落ちた時に、少しでも火が燃えるのを防ぐために建物を間引き、その壊した家の残骸をトラックに積んで他の場所へ運ぶ手伝いでした。

私たち女学生の大半は、学校へ行かず市の方針で学徒動員として外で建物の残骸を運んでいました。

暑い中、そのような作業ばかりではかわいそうだということで、私たちのクラスと

注3　「広島女子商業学校」学徒動員状況

広島女子商業の学徒動員先は、十二ヶ所に分かれていました。教職員二十四人が八月六日、動員先に引率していました。生徒一一四五人がそれぞれに分かれて作業にあたっています。作業内容は、疎開跡片付け・現場作業・机上事務の三種類です。

※河内光子さん（当日、机上事務の作業）

注4　広島貯金支局

爆心地から約一・六キロメートル。原爆の強烈な爆風のため鉄筋四階建庁舎の窓ガラスはもちろん、書棚や机、椅子が吹き飛び職員の多くが死傷しました。

隣のクラスは、一週間前に交代したばかりでした。今月から私たちは、鉄筋の建物内にある広島貯金支局に派遣されての作業でした。

八月六日（月）も午前八時の開始までは少し時間があったので、小使いさんの子どもとゴムまりで遊びました。

三年生に、「みなさんベルが鳴ったら、中二階の原簿庫に入ってください。中で朝礼します。」と言われ、中二階に上がりました。二階の窓からは。広島電鉄の本社が見えます。

■午前八時十五分　原子爆弾さく裂[5]

窓から広島電鉄の方を見ると、雲一つない晴れた空に、敵のB29が一機、きれいな飛行機雲を吐き、静かに飛んでいます。「B29機さん早よう帰ろう。いつも直に帰っていくのにどうしたんだろう。」と思い、「みんなに、仕事を始めようね。」と東の窓を背に原簿庫の棚から書類を出し始めた時です。そのとたん、大音響とともに写真屋のフラッシュのようなものすごい火の玉が、東の窓から飛び込んできました。私の体は、書類の紙吹雪とともに鉄筋の壁に強くたたきつけられ、宙に舞い上がったまま気を失ってしまいました。どれくらい時間が経ったのでしょうか。室内は真っ暗で、何も見えません。自分の体に恐る恐る触ってみると、両足がある、手も両方ついている。

注5　原子爆弾投下
一九四五（昭和二十）年八月六日午前八時十五分、人類史上最初の原子爆弾が広島市中心部の上空約五八〇メートルでさく裂しました。この悲惨な出来事は、大規模な自然災害や戦争時における火薬の爆発力を利用した通常兵器による被害とは全く趣を異にするものでした。

やっと出る声で、「みんな生きとる?」と聞きました。すると、あちこちからかすかに、「生きとるよ」と返事が返ってきました。周りでは、「足が痛いよう。足が立たんよう。」とかすかな泣き声がします。「お母ちゃん、お母ちゃん」と泣きわめく声がだんだんと大きくなり、その場は大混乱です。もう一度、爆弾が落とされたら大変だと思い、やっとの思いで立ち上がり、中二階から一階へと降りようとしました。そのとき、足元に今朝まりつきをして一緒に遊んだ女の子の姿を見つけました。ゆすってもぴくともしないその子の体を見たとたん、ガクガク震えて前に進めず引き返しました。ふと見ると北側の窓が開いていて、その下に小使い室の畳が立てかけて干してあったものが目に入りました。臆病な私ですが、この畳をめがけて飛び降りる覚悟で、窓から身を乗り出し、必死の思いで飛び降りました。ドスッと地に落ちて眼から火が出るようなおしりの痛さに、おそるおそる手を出し、やっと立ち上がりました。辺りを見ると、ワーワーと泣く声、言葉にならない無数のわめき声が飛びかっています。その場の悲痛な叫びの渦を振り切って外に出ると、浜岡さんが大泣きをしながら、「光ちゃん、私の頭が割れてるうー」と、外に出てきました。よく見ると、浜岡さんの頭から血が吹いているので、髪が真っ赤です。制服も血で染まっています。「これは、ガラスで切ったな」と思い、私は、胸にしっかり抱き寄せて防火水槽に向かいました。八月六日は、月曜日なので、水を入れ替えてあることを思い出したのです。竹のふたを開けると、本当にきれいな水でした。「満ちゃん、頭を前に出してや」

と言いながら、ザアザアと水をかけました。髪の血は大分流れ落ちましたが、吹き出してくる血は止まりません。「ようし。私の日本手拭いで縛ってみよう」と、泣き続ける満ちゃんの頭を強く縛りました。「さあ、逃げよう」と手を引くと、周りにいた人たちも「うちも一緒に逃げる」と言うので、電車道に出ようとしました。そのときふと男の人の「阪本光子はおりませんか？」と叫ぶ声が耳に入りました。よく見ると、父です。半身が真っ黒に焦げて、ずるむげの火傷の体になっていました。「おお、光子か？　お前の胸や背中は真っ赤じゃないか。やられたのか。」と父は、私の体を撫でては、泣き声を出すのです。

「お父ちゃんもひどいよ。うちの胸の血は、満ちゃんの頭の血よ。背中の血は、多分、ガラスが飛び散り刺さったよ。心配せずにまず一緒に逃げよう。」と言うと、「よーし」と言う声が返ってきたので私も力が出ました。ここで少し落ち着いたようで、辺りを見ると近くにいるのは、今朝、学徒動員で広島貯金支局に一緒に行った仲間です。お互いに目でうなずき合って、行った仲間で共に出発しました。

当時、広島文理科大学の隣に関西病院がありました。広島貯金支局と、電車線路をはさんで百メートルの近距離にあります。

そこで、弟子の人たちと共にはぐれてしまった父は、「お前がここにいるのを知っていたので、探しに来たんや。」と言うのです。これは偶然とはいえ、私たち親子にとっては幸いなことでした。

鷹野橋商店街に入ろうとすると、警防団の人に「明治橋の欄干に火が付いて渡れないぞ。宇品方面に逃げろ。」とメガホンを持って怒鳴られ、仕方なく宇品方面に引き返すことにしました。広島市役所の方を見ると、まるでお化けのような集団が、こちらへ向かってきます。道幅いっぱいに広がっている群れをよく見ると、女の人のパーマ頭が逆立ちになり、体はボロ布のように皮膚がぶら下がり男の人は裸同然で、ワーワーと言いながら、叫んでやってきます。始めは何ごとかと思いましたが、近づいてきたのをよく見ると、体中が火傷を負っているため正体が分からないほど無惨な姿の集団がうごめいているのです。この光景をみてもなお一体何がどうなったのか混乱するばかりでした。

さらに、広島市立第二工業学校（現在、廃校）の正門の方に道をそれて歩いていくと、学生でしょうか。中から、髪はちりちり顔や体は真っ黒、ふんどし一つの状態でワァーワァーと泣き叫びながら、出てくるではありませんか。どちらを向いてもお化けだらけです。もう何も見たくないという気持ちをおさえるようにして、そのまま塀にそって西の方向に歩きました。

修道中学校の横を通ると、予想していた通り土手に出ました。父の手を引くと、肩からすっぽり、手袋みたいに腕の皮がむけて骨や肉から外れていました。お父ちゃん「痛い？」と聞くと、「聞くな」と言われました。そこで、火傷をしていない方の手を持ち、火災の範囲が広がっているので、明治橋を渡るのを止め、御幸橋方面に行くことにしました。

そのとき、自分の辛さを私には分からないように必死にこらえている父を思うと胸がしめつけられそうでした。

（松重美人撮影　中国新聞社提供）
1945（昭和20）年8月6日　午前11時すぎごろ　御幸橋西詰

■「御幸橋」方面へ歩く

その朝は、下駄をはいて学徒動員へ行っていたのですが、いつのまにかみんな裸足になっていました。辺りを見ると、ズックがたくさん落ちていたので、きっとズックの配給所があったのでしょう。みんなで大声を出し、「ズックもらってもいいですか？」と叫びました。返事はありません。すると、傍を通っていた知らないおじさんが、「この先は、ガラスだらけだぞ。歩くと痛いぞ。黙って履いて行けえや。」と言われたので、ありがたくちょうだいして、御幸橋[6]方向へ歩き出しました。

御幸橋西詰の宇品警察署管内巡査派出所まで行くと、数十人の被災者が応急治療を待っている様子に気がつき、私たちもその方へ近づいて行きました。市の中心部や鷹野橋周辺で被災した人が、やっと御幸橋西詰まで非難したのでしょう。

ほとんどの人が、火傷で頭髪は焼け縮れ、火傷の皮膚がぼろぎれのように垂れ下がり、男女の識別もできないまま群がっていました。そのような地獄さながらとも思えるような状況のなか、行列ができていたので父と並びました。

派出所は急場の救護所とはいえ、薬らしいものはなく、宇品陸軍糧秣支廠《うじなりくぐんりょうまつししょう》[7]から取り寄せた食用油を赤むげの肌にそのまま塗り、いくらかでも痛みを和らげるための応急措置をしていました。

そこで薬を塗ってもらった後、宇品方面か出島方面に逃げなければと思案していた

注6　「御幸橋」

一九三一年に新しく掛け替えられたこの橋は、爆心地から南南東約二・三キロメートルの位置で被爆し、御影石作りの欄干が爆風によって倒壊、南側のものは川中へ、北側のものは歩道上に横倒しました。橋の向かい側にあたる皆実・宇品方面には火の手がなかったため、燃えさかる市街地から多くの被爆者がこの橋を目指して押し寄せてきました。

注7　宇品陸軍糧秣支廠《うじなりくぐんりょうまつししょう》

「糧秣」は、兵士の食糧と軍馬の秣《まぐさ》（馬草）を意味し、糧秣を集めたり作ったりするのが糧秣支廠の役割でした。

ところを、中国軍管区司令部付の報道班員のカメラマン「松重美人[8]さん」に写されたようです。

一緒に行動してきた仲間は、御幸橋の歩道に座り込んだまま、父の番を待っていてくれました。ようやく父の番になり、薬を塗ってもらっているのを友人と二人で覗き込んで見ている所を、また写されたようです。三角襟の後ろ姿の女学生が、私です。その日、ちょうど学校の制服を汚して洗濯してもらっていたので、下関の女学校へ通っていた従姉からもらったセーラー服を身に付けていました。

どっちへ行ったらよいのかを思案している私の前で、すでに亡くなっているらしい幼な子を両手に抱きかかえ、狂ったようにグルグルとその場を廻り、我が子の名前を叫び続けている女性がいました。かわいそうで涙が止まりませんでした。

その傍には、夏の日差しに焼きつけられたアスファルトの橋の両側から派出所一帯に、男女の識別もつかない無数の人たちが半死半生の身体を投げ出して横たわっていたのです。

やっと、薬を塗ってもらい、父の手を引いて御幸橋を右に折れ、出島方面に向かうことにしました。みんなは疲れているので、ひと先ず雁木に降りて一休みすることにしました。

その時、船で出島方面から暁部隊《あかつきぶたい》[9]の兵隊さんが火傷の人を助けに来てくれました。兵隊さんは、父に「救護所のある似の島に行きますか。」と言いました。その時父

注8　本書物の表紙写真――「松重美人さん」撮影

松重美人さんは、中国新聞のカメラマンであるとともに、中国軍管区司令部付の報道班員でもありました。

松重美人さんによって撮影された御幸橋西詰の写真が、アメリカ政府から返還され「ヒロシマ・ナガサキ返還被爆資料展」が開催されました。その会場に、河内光子さん（旧姓阪本）は、「私と父が写真に写っています。」と名乗り出ました。

※表紙の写真

注9　暁部隊

陸軍船舶司令部＝通称暁部隊は、広島市南部の

は、「ありがとう。でもわしは子どもたちと舟入に帰るんじゃ。」と言って、その場から動きませんでした。そこで、みんなで潮が引くのを待って、川の中を歩き、吉島に上陸することにしました。雁木の石段に座っていると、いつの間にか太陽は真上にきていました。

「お腹が空いたね。広島貯金支局へ置いてきた大根飯のお弁当を取りに帰りたいね。」と言うと、「うちはお芋さんの入ったご飯よ」と友だちが言うのです。「取りに帰ろうや」と話していると、知らないおじさんに「ばか者、広島貯金支局の中は、火の海じゃないか。おまえたちは死にたいんか。」とどなられました、その様子を想像しただけで身震いするほど怖くなり、「いやいやまだ死にたくありません。」と言って取りに行くのを諦めました。

するとまた暁部隊の船が来て、火傷をした人を似島へ連れて行ってくれると言うのです。「ここに父がおりますから連れて行ってください。私たちも連れて行ってください。」と言うと、「あんたたちは、火傷をしとらんじゃないか」と言われてしまいました。体の前後とも、血まみれですが、セーラー服の前は友だちの頭から出血した血が付いたものです。後ろは、おびただしいガラス破片が体内に刺さっていましたが連れて行ってもらえませんでした。

父の手を引っ張ると、ズルッと一枚ずつ皮膚がむけていきます。火傷をしていない方の手を引いて川を渡ることにしました。

宇品地区にいたため、他の軍部隊に比べると被害は比較的軽かったようです。このため配下の各部隊は消火や救護活動の中心となり、女子挺身隊も含めて献身的な努力を続けました。

潮が胸の辺りまでひいたので、七人で川を歩き吉島に上陸しました。砂地はとても熱いので、草の生えている所をねらって歩き続け、吉島刑務所の南側に辿り着きました。南側から川に降りようとしたら、小船が一そう浮かんでいるのを見つけました。

みんなで小船に乗り、岸と岸との間に綱がつないであるのを手探り寄せ、向こう岸の江波口に上陸しました。その瞬間「助かった！」と思って、みんなで喜びました。

川土手を下に降りると、友だちの家は、爆風で壊れていましたが、中からお母さんが飛び出して来られました。わが娘を涙ながらにしっかりと抱き、「みなさん。よう帰ったね。ありがとう。水道の蛇口が上向きになっているからこの水をしっかり飲んでちょうだい」と言われたのでありがたくいただきました。歩き続けてのどもガラガラに渇いていたので、この水の美味しかったことは、今でも忘れません。

もう少し、歩き続けるといちじく畑があり、木の下が涼しいので、座り込んでひと休みをすることにしました。しばらくして父の姿が見当たらないことに気がつきました。周辺を必死で探し歩き続けましたが、姿を見つけることが出来ませんでした。あれこれと不安が募るばかりでしたが、とにかく今はこの場所から動かない方がよいと思ってじっと耐えていると、一緒にいた満ちゃんが、「あら、おじさんが麻袋を引きずってこちらの方に向かって来るよ。」と言うのです。急いでかけ寄ると確かにお父ちゃんです。なんと我が家が心配で舟入幸町[10]の焼け跡へ戻ってみたそうです。

「うちの焼け跡から鍋、釜を麻袋に入れて持って来た。それと、これがお母さんだよ。」

注10　舟入幸町

爆心地からの至近距離は、舟入幸町で約一・六キロメートル。被爆の当日、この畑の多い付近に避難者が殺到し、収容所に指定されていた舟入川口町の唯信寺は凄惨《せいさん》をきわめました。

と一つの黒いかたまりを手渡されました。おそるおそる中を見ると、木炭を焼いたようなもので、「これがお母ちゃん。嘘よね。お母ちゃんが、死ぬわけないもの。」と言いながらも、じわじわと涙が込み上げ、ワァーワァーと泣き叫びました。満ちゃんと、二人で抱き合って大泣きです。

しばらくたって正気にもどり、今度は早く浜岡のおばさんに満ちゃんを渡さなければと思って、舟入の土手を大声で二人して探し回りました。舟入病院の前で、おばさんがやっと見つかったので「満ちゃんをお渡しします。」というと、嬉し泣きをされ、「ありがとう。」と私をしっかりと抱きしめてくれました。

浜岡のおばさんが、「ここに来る途中一緒に逃げていたのにあなたのお母さんが、突然『大事なものを忘れてきたけん』と言って家に戻ったの。そのままだったらここで会えたのに何ということでしょうね。引き留めずに御免よ。こらえてね。」と泣きつかれました。

「史郎ちゃんも蔵下の八百屋の四つ角で死んでいたそうよ。明朝、骨を拾いに行ってあげてね。」とも言われました。私は泣きながら江波のいちじく畑に戻り、父にそのことを報告しました。父は、肩を落とし「残酷だなあ。お母さんと史郎が死んだのか。」と下を向き悲しそうな顔をしました。

私は、昨日あんなに川原でキャッキャと喜んでいたやんちゃ坊主の弟が、もうこの世にいないと思うと、たまらなくなり、にぎりこぶしで地面をたたき大

1945（昭和20）年7月
己斐の土手で弟
（史郎）と一緒に

声を張り上げるしかありませんでした。

いちじく畑で泣き疲れた私は、たくさんの人々が目の前で泣きながら通っても、全く耳に入らずただ、ボーッとしているだけでした。

その時です。「お姉ちゃん」と声をかけられました。ふと、見ると隣に座りこんでいた小学四、五年生くらいの女の子が隣に座りこんでいました。先ほどまで半狂乱になっていた私が、少し静かになったので横から、不思議そうに眺めていたのだそうです。

■ 生きていた弟との再会

その女の子が私に手をかけ、「お菓子の配給所のお姉ちゃんでしょう。小さい一年生ぐらいの弟さんが、舟入小学校11の運動場にポツンと座っていたよ。」「まさか、それは人違いよ。弟は死んだの。」と言うと、「ウウン。生きとってよ。行って確かめたら?」

私は、まさかと思ったもののとっさに立ち上がり、走り出しました。

学校の中は、どこに何があるかよく分かっていました。運動場の東南の角に砂場があります。夢中で行ってみると、頭に包帯を巻いた小さい男の子が一人ブランコにぽつんと座っています。後ろ姿は、弟の史郎に良く似ています。思わず駆け寄り「史郎?」と声をかけると、その子がぱっとブランコから飛び降り、私に向かって「お姉ちゃん」

注11　広島市舟入国民学校（現・広島市立舟入小学校）
爆心地からの距離は、約二・二キロメートル。昭和二十年四月末日、疎開先へ一八三人。縁故疎開者概数四〇〇人。書物のなかで教職員は次のように語っています。
「危く難を免れた児童を、その場に坐らせて、父兄が引き取りに来るのを待った。少しして、安否を気づかう父兄が尋ねて来て、それぞれ引き取って帰ったが、数人の児童はついに誰も迎えに来なかった。」

と飛びついてきました。周りには誰もいません。どんな気持ちで待っていたでしょう。

史郎が生きている。

史郎が助かった。

嬉しくて、しっかりと抱きしめ、グルグル廻りを始めました。顔は涙でぐちゃぐちゃです。今まで、弟のことをこんなにいとおしいと思ったことはありませんでした。

二人で手をつなぎわが家の方へ歩いているうちに、史郎はその日の朝のことをボツボツと話してくれるようになりました。「運動場に集合して朝礼をしていると、すごい音がしてビューッという熱風が吹いて、上級生のお姉ちゃんが僕の上に倒れてきたんよ。重いのでごそごそしていたら、先生に『防空壕に入れ』と怒鳴られ、穴にもぐりこんだんだ。そしたら、先生が『おでこから血が出とるぞ』と言って、薬をつけて包帯を巻いてくれたんよ。片方の目が見えにくいのは、多分、何かカケラが当たったからと先生が言うてんよ。」

「それにしても生きとって良かったね。」と言うと、にっこり笑ってくれました。

史郎をおんぶして歩き出しました。ふと振り向くと父が足を痛そうに引きずりながら後ろからゆっくりついて来ていました。

「史郎が生きていて良かったのう。」と父は泣きながら、弟の背中を何回も何回もなでていました。

再びいちじく畑に戻る途中、舟入川口町にある唯信寺《ゆいしんじ》12に立ち寄り、本堂で父の火

注12　唯信寺《ゆいしんじ》
爆心地から約二・六キロメートル。
寺が市の中心部よりはずれ、周囲に田畑が多く、広島市防空計画により災害時の重傷者収容所に指定されていたから、薬品類や医療器材をはじめ、民間人も種々な物資を本堂の中へ疎開していました。

傷を手当てしてもらいました。

電車道つたいの唯信寺にも人々が殺到しはじめ、ついに本堂から庫裡・境内・墓地にいたるまでどこもかしこも負傷者でいっぱいです。

本堂は傷の痛みから泣きわめく人々であふれ、一挙に生き地獄化しました。誰も彼もが、それは、ひどい目に遭ったものです。

今度は父と史郎の三人で、いちじく畑に戻ることになりました。そこには、史郎の居場所を教えてくれた小さな女の子がいるはずです。必死で周りを探し歩きましたが、直ぐには見つかりません。しばらくすると、おぼろげながら見覚えのある女の子を見つけました。近よって行き、教えてくれたおかげで弟と会えたことを伝え、何度もお礼を言うと、けな気にも「良かったね。」と言ってくれました。

舟入小学校では八月六日に、最後まで引取者のなかった児童は、戦災孤児として「孤児・迷子収容所」に収容されていました。史郎もそのまま身寄りのない孤児の一人になっていたかも知れません。

もし、あの時に弟の安否を知らせてもらえなかったら、翌朝、よその子どもの骨を拾っていたに違いありません。

あの女の子がどこかで生きていることを願っています。

今では、とても感謝しています。

午後八時ごろ、どこからとなく負傷者が続々と暗くなったいちじく畑に避難して来ました。どの人も昼間みたように真っ黒に脹れあがった顔や焼けた頭髪でボロボロに裂けた布切れを垂れ下がらせた姿で、文字どおり幽鬼の群れです。

そこへ、軍のトラックがやって来ました。にぎりめしの配給[13]にやって来たので大喜びです。中に梅干の入ったご飯です。嬉し泣きされる人たちが周りにたくさんいました。

私から、少し離れた場所で、

「阪本の光子さんでしょう。」と突然声がかかったので驚きました。「あなた誰？」と聞くと、「清子」と言いました。少しほっとしましたが、疲れ切っていたので、「暗くなっているし、明日の朝話そうや」と返事をしました。

動転狂乱の長い悪夢は終わってほしかったのに、その後も市中の大火災の音と、天を焦がす明るさにおののき、終夜一睡もできませんでした。

13　食糧配給《しょくりょうはいきゅう》
罹災者に対する食糧は、被爆直後は近郊市町村からの炊出し（にぎりめし）によってまかなわれていました。配給量そのものがわずかで、罹災者からは被爆の打撃の上に、さらに飢餓に襲われました。

4. 被爆の翌日（八月七日　火曜日）

翌朝、目がさめると気になっていた清ちゃんを探しに行きました。おばさんの姿を見つけ、「おばさん、清ちゃんは？」と聞くと、「夜中に死んだの」と悲しい返事が返ってきました。涙が出ることもなく、ただ呆然としていました。

私は、この出来事がいいようもない腹立たしさに唇を噛んだものです。

清ちゃんは、広島県立広島第二高等女学校（現在、広島県立広島皆実高等学校）に進み、成績は優秀でした。今でも心に残っている清ちゃんの短歌があります。

「冬の日や　芋屋の門に　立つ子ども」

小学生なのに、このような歌を詠むことに驚き、すごい人だと尊敬していた私です。その当時、子どもたちは親に一銭の小遣いをもらうと、すぐに焼芋屋さんに走ったものです。お店の小母さんは、軍手をはめて壷の中をのぞき込み、焼けた芋を取り出しては、新聞紙にくるんで、「ハイよ」と売ってくれていました。熱々なので、「フワフワ」といいながらほおばります。そのおいしさは今だに忘れられないほどです。その様子をみごとに詠みあげた清ちゃんが亡くなるなんて、辛い朝でした。

再び軍のトラックが来て、にぎり飯の配給です。今日一日動く力をつけるためだと思って、むさぼるようにして食べました。

父は、着衣がボロボロに焼けて、皮膚はひどくただれた姿になっていましたが、私たち三人は、ひと晩過ごした残酷な場所からは立ち去ることにしました。

市中心部からの避難者と合流して、おびただしい人の波が続いています。その大部分は重傷者で電車の線路には、避難途中で倒れた負傷者が、そのままの状態でたくさん転がっています。また閃光が来た時、道を歩いていた人は、上半身が焦げていました。焦げた皮膚がはげてブラ下がっていたり、衣服を着ていた者は、衣服が焦げて穴だらけになっていたりしました。怪我をしている人は、腫れて血だらけの者も多かったです。

江波線の電車道には、数メートル置きに死体の山ができていました。つぎつぎに死体の上に油を撒いて火を点け、焼いています。その光景から、目をそらすことができませんでした。中沢啓ちゃん『はだしのゲン』の作者のお母さんが、電車沿いの畑（舟入南町、北寄り）の中から、「阪本の光ちゃん」と呼ぶ声が聞こえました。「今朝、子どもを産んだんよ。ボロ布ない？」と急に言われて驚きました。はちまきにしていた日本手ぬぐいは、友だちの頭に縛ってあげたし、どうしよう？　着ている制服しかないし……。

「おばさん、ごめんね。何もないんよ。」と謝りました。

あの時、生まれた啓ちゃんの妹さんは、しばらくして亡くなられたそうです。

三人で舟入幸町のわが家の焼け跡に向かいました。もくもくと歩くそばに、軍のトラックが次々と死体を運んできては、とび口で一体ずつ中に投げ入れます。のろのろと赤黒い炎が燃え上がり、とても表現できないほどの惨めで辛い光景でした。強れつに異様な臭い匂いが辺りに漂い、頭がくらくらします。みんな兵隊さんが作業されているのです。

やっと、我が家に到着しました。何もかも焼け落ち、無残な状況です。太い梁の下で手足が関節から亡くなっている黒焦げの遺体を見つけました。まるで、木版みたいです。腕はひじから先がなく、足は膝から下がありません。首は、胴から千切れそうに上を向き、黄色い煙がまだ少しずつ出ています。私は涙が止まりませんでした。「本当にお母ちゃんー?」と、言って座りこみました。父は、「押入れの金庫のほうを向いとるけえきっと、お母さんよ」と言いました。暁部隊から広島県立広島商業学校の校庭に兵舎を建ててほしいと依頼され、材料費を預かっていたのだと。「何で銀行に預けなかったのか。母はそのお金を取りに引き返したのではないか。」と父をなじったものです。弟は、うつろな表情のまま立っているだけで何も言いません。私は、手で骨をもぎ取ろうとしたら、「だめじゃ、火傷するぞ」と升川の叔父さんに抱き止められました。

「あのお母ちゃんが、どうしてこんな姿になったんね。」やさしくしてくれた母の面影など全くなく、変わり果てた姿に涙が、溢れ出て止まりません。

父の従兄弟にあたる升川の叔父さんは、私たちを心配して探しに来てくださいました。叔父さんの長男は、土橋に勤労奉仕に行ったきり帰って来ていないそうです。安否を気づかい「死んでいるんだろうか？」と目を真っ赤にして、勤労奉仕[14]先に息子さんを探しに行きました。

三人で西へ西へと逃げることにしました。途中、首や胴体だけがいくつもいくつも草むらに転がっていて、その光景を目にするたびに、弟は私にしがみついてきました。

生きている人は、無表情のまま力がぬけてトボトボと思い思いの方向に逃げて行きます。異様な光景としか言いようがありません。あちこちに頭だけ、足だけが焼け跡からのぞいています。頭だけは、みんなバレーボールみたいに腫れて人間の姿とは思えません。川に死体がいっぱいで目をそむけたくなる状況でした。

ただ、ただ無言で歩くのみ、やっと己斐の親戚の家に到着しました。

壊れかけた家の中から、叔母さん（父親の従姉妹）が出て来て、「うちで少し落ち着きんさい。良ちゃん（十九歳）が帰って来るまで、うちの家に居たらええんよ。」と言ってくれたので史郎を抱きかかえて、家の中に入れてもらいました。この時、みなさんが仏様のように見えました。

よく見ると父の体は、半身に大火傷を負い、どこもかしこも皮膚がズルズルの状態になっていました。重傷の父を見て、田坂さんの家の前にある田中邸の庭にある防空壕に寝かせてくださったのです。

ハエがたかってうじ虫がわくといけないからと、叔母夫婦が蚊帳を持って来て、父の

注14　勤労奉仕
広島市では、都市部の民家などを強制的に立ち退かせて防火帯を設ける建物疎開が、一九四四（昭和十九）年十一月の内務省告示に基づき同年末に始まりました。多数の学徒が動員された第六次の作業中に原爆が投下されました。

上に吊るしてくださったのです。火傷でべちゃべちゃの体で高熱にうなされ、苦しみもがいています。弟の史郎も発熱で体力が弱っていたので別の部屋に寝かせてくれました。私は疲れてフラフラでしたが、体の傷跡が残る程度で火傷をしていませんでした。

その頃、土佐（高知）に陸軍二等兵として入隊していた兄が復員してきました。原爆投下後の広島の町を初めてみた兄は、驚きと怒りでかなり興奮していました。弟は、日増しに元気を取り戻し少し安心しました。

5. 終戦日（八月十五日　水曜日）

弟と二人で、おむすびの配給に並んでいたら、天皇陛下の玉音放送が始まりました。雑音が多くてあまり良く聞きとれません。でも、「全面降伏」とのお言葉は判りました。「なんじゃと……。日本が負けたんか。」みんなが口々に言って騒がしい一日でした。

終戦直後は、混乱が一応おさまるとともに、焼野原は次第に深い空虚に包まれていました。食料はますます窮迫し、羅災者らは半壊の防空壕の中や焼トタンで囲んだバラック小屋の中で、すさまじい飢餓に耐えねばなりませんでした。

敗戦の現実は、一挙に深い虚脱感を招き何らなす力も出ませんでした。

（松重美人撮影　家族提供）

1945（昭和20）年8月12日
住友銀行広島支店前。収容者名簿に肉親の安否をたずねてのぞきこむ人々。
爆心地から約250m

そこへ、復員から帰ってきた兄が焼け跡に立ちすくみ、お母さんの安否を知りたくて、近所中を必死で探し歩いたそうです。

その後周りでは、毎日軍隊が主軸となって負債者の収容、死体の収集と処理などを積極的に進め、目につく死体は一応処理され、道路もトラックが走れるようになっていました。

そのような状況の中、兄は近所の人から「これが阪本さんのお母さんの遺骨よ。」と言われ、信じることができないまま家の近くの空地に土を深く掘って埋めてきたそうです。

兄が帰ってきた直後、父は生きて帰った姿を見て、抱き合って泣いていました。

しばらくして私の家族は、近くの半壊の家を借りました。兄は、疎開先の荷物を取りに行ったり、舟入の焼け跡から食料を掘り出したりして私と同様忙しい毎日でした。

その頃、父の遠縁に当たる人が、父の体を気遣って

（松重美人撮影　家族提供）

1947（昭和22）年8月　商工会議所から西方を望む。
手前のT字型の橋は相生橋《あいおいばし》（爆心地から約300m）。
相生橋の向こうに見える建物が本川小学校。

能美島（瀬戸内海）から来て、療養するようにと薦めて下さいました。そこで一か月ほど、預かってもらうことにしました。

能美島での生活は、朝晩、体を拭いてもらい、すったジャガイモをネルの布地につけ、火傷の部分に分厚く貼る治療をしてくださったそうです。

十一月に、野菜や卵を積んだ船で帰って来た父の姿を見て火傷が少しずつ回復に向かっているのに驚きました。

能美島のご家族の皆さんに良くしていただいたことで、父は七十七歳まで命をつなげることができました。

すべてに感謝です。

6．昭和二十年　終戦の秋

九月十七日夜半から十八日にかけて、焼け跡に枕崎台風が襲来、全市水浸しとなり、焼残りの防空壕やトタン囲いのバラック小屋に住んでいた罹災者は、最後の手持品まで失うという打撃を受けました。

この頃、少しずつ疎開先や避難先から帰り始めていた人の中には、焼跡に住むことを諦めて、再び田舎へ引揚げる知り合いもいました。焼跡は台風で清掃された感じです。

■己斐のヤミ市の脇にある新聞社の掲示板に私の写真

終戦直後の一九四五(昭和二十)年、八月末には、焼け野原の広島駅前に、ムシロやトタン板を敷いた闇商人が現れ、ヤミ市が並び始めました。四か

（松重美人撮影　家族提供）

1945（昭和20）年10月
広島市山口町、当時の東警察署から八丁堀を望む。
広島市内電車の主要路線己斐――広島駅間の開通。
爆心地から約900ｍ。

（松重美人撮影　家族提供）

1945（昭和20）年10月下旬
広島市袋町白神社隣にあったクスの木。爆心地から約500 m
大クスの木は、樹齢300年という。

（松重美人撮影　家族提供）
1945（昭和20）年10月下旬
万代橋。大手町方面から中島方面を望む。
爆心地から約900 m。熱線光でアスファルトが焦げ、橋の欄干が閃光をさえぎり、欄干の陰が太陽光線の逆に白く残る。

（松重美人撮影　家族提供）

1945（昭和20）年11月頃
広島本通り（爆心地から約300ｍ）。

（松重美人撮影　家族提供）

1945（昭和20）年11月頃
京橋から市の中心部を望む。当時の中国新聞社・福屋・旧福屋・旧日本勧業銀行広島支店がガレキの中に残る。

（松重美人撮影　家族提供）

1945（昭和20）年11月頃
京橋から市の中心部を望む。

（松重美人撮影　家族提供）

1945（昭和20）年11月頃
広島縮景園。爆心地から約1.3㎞。
旧浅野候のお庭で浅野泉邸といっていた。

月の間に己斐、横川の各駅と天満町、宇品町にも広がりました。配給物資が不足する中で、食料品・衣料品・雑貨などを求めて、多くの人が集まり活気にあふれていました。

街の様相がだんだんと変化するなかで、私は弟と己斐のヤミ市に出かけることが多くなりました。

昭和二十年秋、己斐のヤミ市の脇に立ててある新聞社の掲示板に貼ってある新聞に目が止まりました。よく見ると原爆の写真です。新聞記事のなかの原爆写真は、八月六日午前十一時ごろ「応急手当を受ける動員学徒」の様子です。そのなかに「どうも私らしいセーラー服の後ろ姿が写ってる。家族を呼んで来よう。」と思い、買い物を手早く済ませ、急いで家に帰りました。

事情を話すと「本当？」と父や兄と弟が翌日出向き、確かめてきました。帰ってくるなり「どうも光子みたいなの？」と言います。どうして写されたか分かりませんでした。

今でも己斐に行くと、どの辺りに掲示板が立っていた

（松重美人撮影　家族提供）
1946（昭和21）年末頃
紙屋町一丁目住友銀行入口に残った人の影。
爆心地から当方約250ｍの住友銀行の入口、当時の朝銀行の開店を待って、石段に腰をかけていたと思われる。

か、はっきりと覚えています。

ヤミ市は、本格的な復興が始まる一九四八（昭和二十三）年から一九四九（昭和二十四）年頃には姿を消しました。

■広島女子商業学校に復帰

早急に開校するため、応急処理として一時的に校舎を移転することとなり、残存建物の整備作業に併行して、市内仁保町向洋山上の旧軍兵舎への移転のための作業が続けられたていました。

昭和二十年十一月、向洋の兵舎を仮校舎として授業を再開していると聞き、昭和二十一年三月に初めて行ってみると、友だちが大火傷を負いながらも登校しているではありませんか。なかには、顔が赤く鼻がもぎ取られている人もいました。原爆の影響で鉛筆が握れなくなった人もいました。知っている人と再会できたことの嬉しさで涙がこみ上げ、大はしゃぎで抱きあったり、笑ったりしたものです。

中井理事長はじめ何人かの教職員が生きておられたことにも感激しました。

みんなの顔は、笑顔であふれています。先生方は、「やっと出てきたぞ。助かったか。よう来た。」と手に取り、歓迎してくださいました。私の顔は、涙でくしゃくしゃです。

私はその後、己斐駅から向洋駅まで汽車通学です。勉強できる嬉しさと友だちに会える喜びで毎日元気をだし、通ったものです。

広島女子商業学校「六〇年誌」によると、あの日、広島女子商業学校も、市内十三ヵ所へ学徒動員がかけられ、作業中に惨禍に逢い、山中常雄校長以下教職九人、生徒三二九人の犠牲者を出しました。犠牲者の多くは、筆舌につくしがたいほどの傷や火傷を負い、苦しみながら水を求め、肉親を呼び、捜し求めながらさまよって亡くなったのです。

学校が再開できたことは、私たちの喜びでしたが、当時、食べることと住むことに狂奔している時に、学校の授業を再開することは世間離れしている感があり、笑う人もあったという話を聞きました。複雑な思いです。

昭和二十一年六月、段原の運動場で体育大会がありました。顔がケロイドにあっている人も積極的に練習するなど、被爆後の大きな行事で全員が一丸となり取り組んだことは特別な思い出です。その時に、仮装行列をした記念の写真があります。写真を見ると懐かしさと同時に、辛さもこみあげてきます。心に残る大切な写真です。

1946（昭和21）年6月　体育大会　仮装行列

1946（昭和21）年　16歳　四年生　裁縫の時間に撮影

1946（昭和21）年　写真館で撮影　16歳

1946（昭和21）年　右側　光子さん　16歳

1946（昭和21）年　広島女子商業学校　3年2組　主任白井先生

光子さん

1947（昭和22）年　17歳　修学旅行
被爆当時、阪本光子さんが防火用水で血が噴き出る頭を洗った女性。ご健在。

1948（昭和23）年
宮島へ卒業旅行
右から3番目(光子さん)
18歳

1947（昭和22）年
修学旅行（大映京都撮影所）17歳
右側に立っている光子さん

■命をうばわれていく級友たち

八月六日の朝、私が午前七時ごろに家の庭を掃いていると、来栖満智子《くりすまちこ》さん（マッちゃん）は学徒動員に県庁に行くので、白いハチマキにスコップを持っている姿で、私に声をかけてくれました。マッちゃんは、小学四年生の時、中島小学校から転校してきて仲良くなりました。頭の良い明るい人でした。彼女の家に行くと、槍や長刀がなげしに掛けてあり、昔は家老の職を務めておられたとか。

小学六年生の時に同じクラスで一番の仲良しでした。久しぶりに会うことができ、どんなに嬉しかったことか分かりません。

午後四時頃に、私の家の前で再開の約束をして別れたのです。

八月七日の昼過ぎ、そのマッちゃんのお父さんに、己斐駅の近くでお会いしました。その時の小父さんの服装は、海軍の白い軍服に士官の短剣を下げておられ、とてもりりしくて素敵に見えました。

「阪本さん、うちの満智子は生きとりますか？」と尋ねて来られました。私には何の返事もできません。

「昨日の朝私が掃除をしている時に、学徒動員先に行く途中にマッちゃんが声をかけてくれました。」と、その時の様子を話すしかありませんでした。

私も家族のことで、手いっぱいで彼女の消息を知る故もなく、「どうか無事でいてね。」と祈るばかりでした。

マッちゃんの通っていた広島市立第一高等女学校で、（現、広島市立舟入高等学校）建物疎開に出ていた人たちは一人残らず犠牲になったと聞き、気が狂いそうになりました。

あの日の朝、「わざわざ別れを言いに来てくれたのでは？」と、今でもそう思います。ある日、マッちゃんが偶然夢に現れ「光ちゃん、私は死んでないよ。火傷がひどいので外には出ないけど、家に来てや。逢いにきてや。」と言います。彼女の叫びに震え上がりました。

彼女の家は、全焼でした。

大切な友だちが、一人ひとりと命を落としていくことに耐えられなくなります。せめて、もう一度夢のなかでも再会したいと思います。

私の長男を幼稚園に通わせているときに、偶然に満ちゃんの甥ごさんと仲良くなり、彼女の面影と重なってみえて涙が止まりませんでした。

ご両親から「阪本さんじゃないの。満智子が生きていたら、いいお母さんになったでしょうに。」と言われ、思わず「すみません」と頭を下げたこともあります。その時、「マッちゃんと光ちゃん二人で写した写真を引き伸ばして、仏壇前に飾っているけれど、満智子だけにするよ。阪本さんは生きているんだもん。」と言われ、再び黙って頭を下げました。

私の主人から聞いた話ですが、あの日の翌日八月七日に、主人が伯父さんを探して、現在の広島市文化交流会館（旧広島厚生年金会館）あたりが県庁だったところに、女学生の痛々しい凄い死体を見たと言います。目玉が垂れ下がったり、口が裂けたり、防火水槽に顔をつっ込んだり、目をそむけたくなるような姿がたくさんあり、むごかったと。全員、死んでいた……と。

その中に、満ちゃんもいたのかも知れないと思うと口惜しいです。

7. 普通の日本人女性としての歩み

■ 東洋貿易に就職

原爆投下後、学校へ行って勉強をしたいという思いにかき立てられ、勇気を出して広島女子商業学校へ行ったのが昭和二十一年三月でした。あの残酷な悲しい日を乗り越えてきた友人たちとの再会は忘れることができません。奇跡的にも、私の体は火傷の形跡もなく、体がだるくなる程度で通学することができました。被害の大きかった級友の顔を見ると、同じ被爆者ながらも正面を向いて会話するのが苦しい時期がありました。

原爆の重い荷を感じながら、昭和二十三年三月十五日、四ヵ年の過程を無事卒業することができました。

1948（昭和23）年　阪本光子さんが勤務していた「東洋貿易株式会社」

卒業証書を手にすることも無く、原爆の犠牲者となったたくさんの級友を思うと申し訳ない気持ちでいっぱいです。

卒業した後、阪本家を支えるためには、就職先を見つけなければなりません。学校にきている求人情報をみて、同級生四人と「東洋貿易株式会社」を受験しました。そのなかで何故か自分だけが合格となり、昭和二十三年四月から正式に採用されることになりました。

就職試験日には靴がなく、長靴とセーラー服姿で受験したことを覚えています。

初めての仕事は、会計課という部署で金庫番と銀行回りです。社内で先輩にあたる西野さんは優しい方で丁寧に指導してくださり、そのおかげで仕事を覚えました。

ところが、だれにも厳しい課長の片山さんには、頭が悪い、顔が悪いそしてもう一つ、字が悪いとよく叱られて涙を流したものです。それでも、他の女子社員のみなさんは、まるでお姉さんみたいに励ましてくださり、勇気を出して働くことができました。

1950（昭和25）年　会社の友人と
左から2番目　光子さん
19歳

1950（昭和25）年
左側　光子さん 会社の友人
19歳

父親の仕事が大工の棟梁《とうりょう》で収入が不安定だけに、私が家計を支えなくてはならないと、一生懸命に働く日々が続きました。

入社後も被爆による体調不良のような兆候は表れず、何とか働き続けることができました。初任給一八二五円をいただいたときの感激は、今でも忘れられません。

これを、一家三人の生活費に充てることでやっと生き延びることができました。

昭和二十四年、兄も家計を援助するために給料が高くもらえる仕事を色々と探し、外国航路のタンカーに乗る職に就いていました。仕事はイランまで石油を取りに行く危険が伴う任務だけに、心配することが多くいつも家族全員で無事を祈っていました。それまでの、兄からの仕送りが、広島女子商業学校の授業料の足しにもなり、無事に卒業ができたのも兄のおかげだったのです。


昭和二十五年四月に河内敏彦さんという人が入社して、会計課に配属されました。同じ広島市立舟入小学校卒業生と聞き、一学年下でもある私は何となく親しみを感じて、気軽に話す機会が増えてきました。また、同じ被爆者として知らず知らず話が〝あの日〟を語るようにもなったのです。

昭和二十五年後半から、東洋貿易は左前になり、自動車部が別会社を作ったので、私と河内さんは中国民生ディーゼル（自動車会社）に移りました。昼間は民生ディーゼルの仕事をこなし、夕方からは東洋貿易の残務整理と多忙な毎日を送ったものです。

そうこうするうちに、私の体は、だんだんと無理が効かなくなり、とうとう過労と盲腸で入院しました。すると河内敏彦さんが喫茶店から新鮮なパインジュースを買ってお見舞いに来てくれました。「これで元気なって」と言葉を添えていってくれる日が続きました。敏彦さんの一言に励まされると「一日も早く元気になりたい。でも、もしかすると原爆の影響が出ているのかもしれない。」など、寝床で疑心に揺れる日々が十日間続きました。病室で多くの言葉を語る人ではありませんが、いつもの〝一言〟に「優しい人だなあ」と感じ、ほのぼのと癒される思いに浸れた一瞬を今でも忘れることができません。

東洋貿易に勤務したときには、帳簿のことで何度も言い争いをしたことがありましたが、どことなく人柄に温か味を感じ始めた時期でした。

彼は、会社が肌にあわなかったのか昭和二十六年十一月に辞職して、別の会社先に再就職をしました。

就職先が広島市内だけに、お互いに仕事が違っても会う機会が不思議とありました。敏彦さんから前もって連絡が入ると、他の洋服をほどきスカートに裁ち、少しでも身支度を整えて出掛けて行きました。

とはいえ、会う時も、常に時間を気にしての会話です。家族のことが気になって、いつも帰る時間を決めてありました。

二人の母を亡くした上に、父は健康な体でないだけに、母親代わりとして父や弟の身の回りの世話や家事をすべてこなさなければなりません。経済面をはじめ、家庭のすべてを賄うことが私の務めでしたので、苦しい時期を必死で乗り越えてきたものです。

■交際・結婚――家族との別れ

敏彦さんとこのような交際をつづけていくうちに、同じ被爆者として通じ合うものがあり、信頼し合える気持ちから結婚という人生の大きな節目を迎えることになりました。しかし、この選択を親族や家族全員が、賛成してくれたのではありません。

河内家が反対する理由は、私が大工の娘であり両親が揃っていない、借家住まい、家庭が貧しい、胃下垂で痩せているので健康状態が心配などと多くの理由が挙げられました。私は、その言葉を聞いて複雑な思いになり一時結婚を断念しようと考えました。日々不安が募り、私に

結婚する前の二人の写真
河内敏彦さん　25歳
阪本光子さん　24歳

は相談する人もいない状況のなかで、敏彦さんが時間をかけて真剣に河内家のみなさんに説得を続けてくれました。最後には、敏彦さんの「光子さんは、真面目で優しい子だから」という言葉が周りの人を安心させてくれたおかげです。

その頃の父は、いくつ縁談があっても一切受け入れようとしませんでした。このことは、婚約してから明らかになったのですが、娘の私がいないと家事や全てが成り立たないと思ったようです。

数々の苦難を含んだ思い出のうちに、やっとゴールに辿り着きました。

新緑の季節を迎え、広島では人々に少しずつ復興の兆しが見え始めた昭和三十一年四月に、二十四歳で花嫁になる日を迎えました。

結婚式の朝、弟は二階の部屋に閉じこもり泣いていたということです。それまで、母親代わりに思っていた私が、嫁いでいくことを寂しがっていたのかもしれません。

快晴に恵まれた挙式当日、タクシーが家まで迎えに来ま

1956（昭和31）年　結婚式（仲人さんの家）
河内敏彦さん　25歳　　河内光子さん　24歳

した。弟は、二階の部屋から降りることはありませんでした。父に「お世話になりました。」というと、「死んでも帰ってくるなよ。」と言い、素知らぬ顔をしてしまいました。今、あの朝の光景を振り返ると、父や弟は私が嫁ぐことは喜びよりも、不安と寂しさの方が大きかったのかも知れません。

仲人さんの家で、親族を招待して結婚式を挙げることができました。父は仲人さんの横に座り、弟は一番後ろに隠れるようにして、集合写真のなかに納まっています。

やっと結婚式を挙げることができたのは、私たちにとって新しい人生の出発点でもありました。

新婚生活は、主人の実家（中区西川口町）から、五百メートルぐらい離れたアパートを借りて住みました。六畳一間で共同炊事、共同便所です。その当時は、経済的に余裕もなくそれがやっとでした。

主人は、仕事の関係もあって、毎晩十一時頃の帰宅

結婚式　記念写真

です。同じアパートに引越ししてこられた老夫婦から、「お兄さんは日曜日だけお顔が見られますが、一度逢わせてください。」と言われ、訳を尋ねると、「私に縁談を進めようとした」ということで驚きました。私たちは、新婚夫婦であることを話すと、とても恐縮されたという珍事件もありました。

その後、阪本家や河内家のみんなが被爆者だけに、被爆者同士の結婚について、周りから奇妙に見られることも無く、普段の生活を普通に送りました。

■無事出産――男の子誕生

結婚してからも常に被爆の身ということを忘れたわけではありませんが、子供が欲しいという願いが日毎に増してきました。新しい生命の誕生に夢を託すことが生きる希望だったのです。

三十一年五月に妊娠しました。ところが、念願だったはずの妊娠に、ふと喜びと不安が入り混じり、無事に出産できると自分に言い聞かせるようにしていました。ありがたいことになぜか親族からは、出産を控えるようにという声を聞くこともありませんでした。

周辺にも、被爆者同士の結婚や順調な出産の例があるだけに、私もこの出産に未来への希望を抱き続けたのです。

そして、私はせっかく授かった子だから、どのような状況におかれようと、絶対に産むことを決心しました。そのときの自分は、一人の女性として全力で立ち向かう覚悟をしていました。すでに母親のいない分、姑さんが出産の準備や身の周りの世話をよくしてくださいました。私の体が痩せて弱いので、主人は特に心配していたようです。

出産費用や医師の評判から、「広島市民病院」に入院することになりました。

昭和三十二年に待望の男の子が元気に誕生しました。体重は三一五〇グラムで、主人の父が「邦博」と命名し、「細いお母さんが大きな子どもを産んだね。」と担当医の先生にほめられたのを覚えています。

これを機に、結婚する時には反対していた人たちも、私たち母子を一層温かく見守ってくれるようになり、特に姑さんは、毎日毎晩自分の手が真っ赤になるほど熱いタオルでお乳をもんでくださいました。お乳がだんだんと出るようになると、邦博は凄い勢いで飲むようになり、少しは安心しま

1957（昭和32）年
祖母トミ子さんが、邦博の体重を買い物かごに入れて、さおばかりで量る。

した。それでも時々むせてはうなり、心配することもありました。

退院後、広島市内の主人の実家が迎えてくださり、一カ月お世話になりました。その後、自分たちのアパートに帰り、三人の新たな生活の始まりです。

河内家にとって初孫だけに、姑さんはしばしばアパートに立ち寄って邦博の顔を見ては安心して帰られる日々が続きました。

そんなある日、アパートの洗面台で余ったお乳を流していると、隣の奥さんが「もったいないので、よろしければ

1957（昭和32）年
長男（邦博）誕生

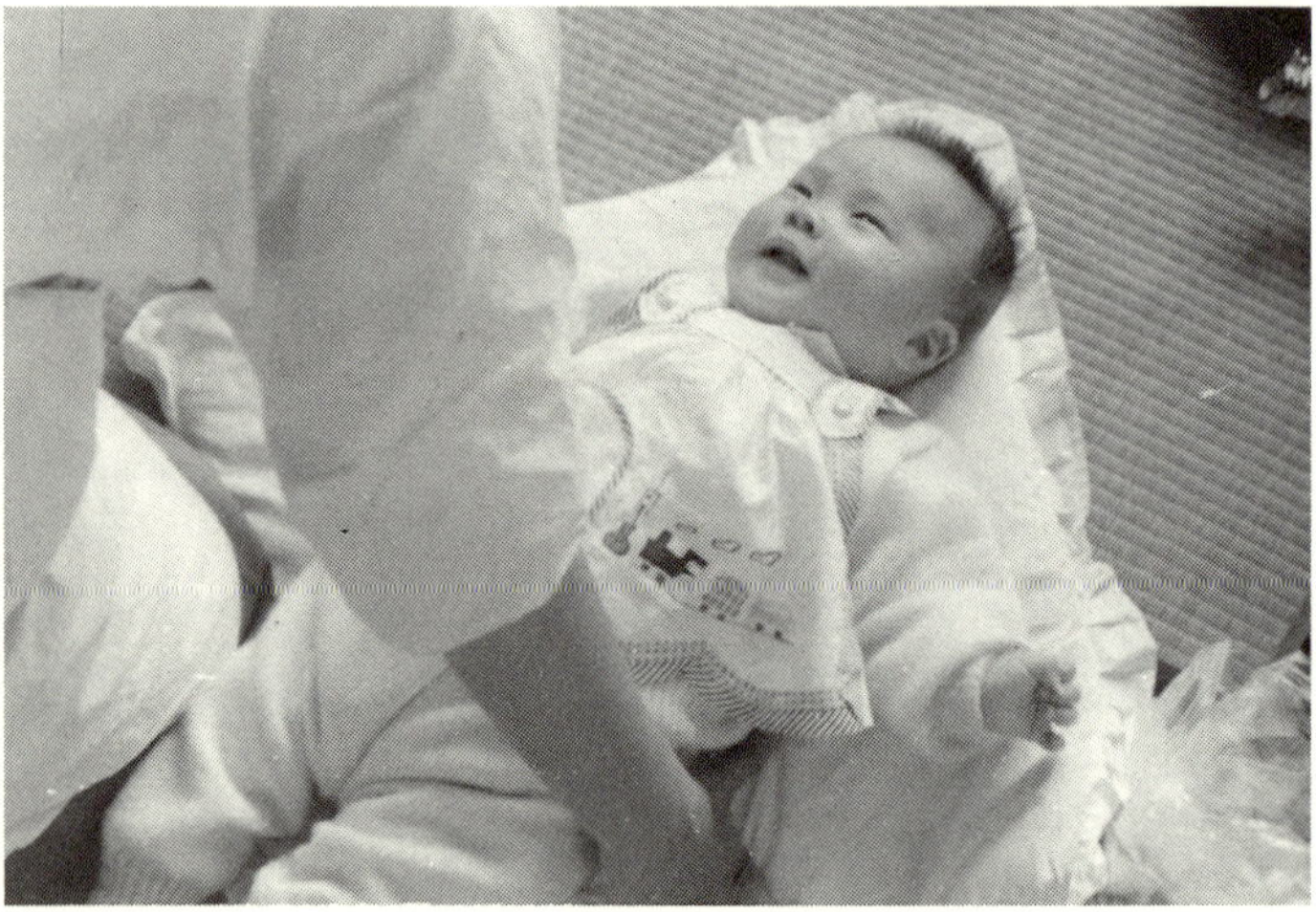

1958（昭和33）年　1歳

私の子供にくださいませんか？給料前なので、ミルクが買えないのです。」と言われ、大急ぎでコップを取り、差し上げたこともありました。

子どもは被爆二世ですが、たまに熱を出すぐらいでスクスク育ちました。わが子がこんなにも可愛いものだとは知りませんでした。でも、私より主人の方がもっと子煩悩で、近所の評判になったほどです。

被爆後の私は、胃下垂もあり太れる体ではなかったので、決して無理はできない状態でした。でも、無事出産できたのも、新しい家族の誕生を待ち望み、出産への強い信念を抱き続けたからだと思います。

始めは、結婚に反対された悔しさもいつの間にか消えて、普段の生活を大切に二人で支え合いながら頑張ってきたことが、家族の絆に結びついたのではないかと考えます。

出産後は、息子の成長が生き甲斐となり、日々の生活全般にも希望が持てるようになりました。

息子は被爆二世として誕生しましたが、その影響と思われる病気を背負うこともなく元気に育っています。

■スクスク育つ息子の成長――被爆二世

長男の成長をみんなが見守る生活が続きました。

主人は、邦博が広島市内の幼稚園に入園すると、毎朝近所の友だちと二人をバタンコ（仕事の車）に乗せて連れて行きます。

子どもは、のんびり歩ける帰り道が大好きだったようで、道端の生きものと仲良しになることがたくさんありました。

ある日、死んだ蛇を家に持って帰れず残念そうに報告したことがありました。

時には、友だちのおもちゃを黙って持って帰ったこともあり「邦博は、泥棒になったんね。」と往復ビンタをして叱りつけました。そして、すぐさま大泣きしているわが子をお詫びに幼稚園へ連れて行きました。事情をよく聞くと友だちが先に無断で邦博のオモチャを持って帰ったので、しゃくにさわって仕返しに持って帰ったということです。でも、そ

1961（昭和36）年
母親（光子さん）と遊ぶ邦博　3歳
光子さん30歳

1960（昭和35）年
父親のバイクに乗って邦博　1歳半

の場で「どんなことがあっても、人のものを黙って持って帰ることをしてはいけません。」と言うと、「もう絶対に持って帰らんよ。」と言ってくれて、一件落着です。

わが家では家庭教育の方針としては、幼いときから誰とでも仲良く遊ぶことや何ごとに対しても正直な心を持つことの大切さをその都度、話してきました。

その後息子は、主人や弟の史郎、私も卒業した思い出深い「広島市立舟入小学校」へ入学しました。

小学校の父兄会やさまざまな行事には、全部出席しました。邦博の担任は、小学校一年生からほぼ覚えています。五年生の時、担任に「優しすぎるのでもっと男の子らしく鍛えてやりたいのですが」と言われ、「お任せします。」と一言だけ付け加えました。

体を動かすことが大好きなので、サッカー部に入部しましたが、国語、算数などのテストの点数が八十点以下では練習させてもらえず、吹雪の中を一

1964（昭和39）年
遠足（広島縮景園）
光子さん　36歳
邦博　　　11歳

人でスパイクを持って長時間立たされたそうです。サッカー部一同が先生に「今度いい点を取るようにさせますので許してやってください。体中がびしょびしょです。」と言ってくれました。「河内は、帰宅させてもらうことができて得な奴ですよ。」と部員に言われたものです。息子を鍛えてくださった先生に深く頭を下げ、お礼を言いました。いろいろな面で素敵な先生方に厳しく育てられたことが、息子の成長となり嬉しく思っています。

その後、地元の中学校、高等学校に通いその先の進路を選択するときには、さまざまなことで悩んだようです。その結果、父親に「地元の大学へ行かせて欲しい。」と頭を下げて頼みました。その時、母親としては何としてもこの希望を叶えてやりたいと思ったものです。

受験することに決まってからの家の中は、まるで熊を一匹飼っているようでした。毎晩、火の気なしでの受験勉強です。大きな体の男の子がドテラを身にまとい、部屋の中をミシミシ歩き回るのです。問題集を買ってきては、「解けない。ウーン」と何やら一人言を呟く日々が続きました。

夜の十一時頃になると「腹減った。何か差し入れてーや」と二階から大声で叫びます。夜中の大声だけに、いつも主人に「何とかせえ」と叱られていました。息子の勉強が終わるまで私は寝つけず、熱いうどんを作って二階へ差し入れます。すると、嬉しそうににっこりして食べてくれました。「大変だなあ」と思ったときもしばしばありましたが、今では懐かしい思い出です。

地元の大学に合格して、自宅から四年間通い続けました。

その後、広島市内に就職することを決め、無事採用されました。

就職してから六年目に知人の紹介で素晴らしい伴侶との出会いがあり、昭和六十年に結婚しました。

息子夫婦も、被爆二世同士の結婚です。この時も回りは何ら反対することもなく、「一回しかない人生を最後まで生きて欲しい」という切なる思いを伝えて門出を心から祝福しました。その後、病気をすることもなく、二男一女に恵まれ、三人の子どもの父親として、新しい家族の絆を大切に築いています。三人の子どもたちは、社会人、高校生とそれぞれが目標に向かってがんばっているようです。

現在、息子は五十三歳を迎え会社で事業所所長の任務に就いています。

8．心臓手術を乗り越えて

河内光子さん自身は、被爆者健康手帳[15]（昭和三十五年九月交付）を取得するまでは、盲腸、その他の手術をしたものです。

数年前ぐらいから近所の病院にて、高脂血症、微小脳梗塞にて外来フォローアップ中であり、薬の服用を続けていました。その一方、いつも被爆という事実からは不安を抱えて生活して来られたことでしょう。

そんな矢先、平成十五年十一月三十日、美容室にて突然、胸痛が出現し市内の病院に緊急搬送されたのです。

年の瀬を控えた十二月九日、手術目的にてＪＡ廣島総合病院に入院されました。手術前、絶対安静という事態に陥り、本人はじめ家族中に心臓手術に対する恐怖や不安感が広がりました。

被爆後、初めての大手術に臨むのです。

平成十五年十二月十五日、家族の不安が増すなか、運命の日を迎えました。担当医は、中尾達也先生です。手術は左胸の内胸動脈、右手の橈骨動脈、胃の右胃大網動脈を使った四か所の冠状動脈バイパス術でした。

手術後の経過は非常に良好で、手術翌日から食事を開始することができました。危惧された合併症もなく、平成十六年一月、術後三週間目に退院されました。

注15　**被爆者健康手帳**
「原子爆弾被爆者に対する援護に関する法律」（通称「被爆者援護法」）に基づき交付される手帳です。

中尾達也医師は、手術前の説明で河内光子さんに二つのことを告げられました。

一つは、病気（不安定狭心症）になったことは不運であったが、こうした心臓の手術をよい状態で受けられることは決して不幸ではないということ。自らの不運を呪い、人生を後悔してくよくよしてはいけないこと。

もう一つは、医師と患者の対等な関係について。医師は、病気を理解して心臓の手術を決断された患者さんを尊敬するとともに、患者さんからは、プロの心臓外科医である担当医を信頼して手術を含めた治療を任せてほしいこと。この手術は、自分と河内さんとの命をかけた信頼関係の上に成り立つということ。

平成十九年六月、河内さんは一枚の原爆写真（原爆投下後の御幸橋西詰）を中尾医師に見せる決意をされました。「この写真に撮影されているセーラー服の後ろ姿は、私です。」と初めて告げたのです。

中尾医師はそのとき、「この写真に写された人を、心臓外科医として手術させていただいたことは、底知れぬ運命の深さを感じます。」と言われたそうです。実は、中尾医師のご両親も被爆されていたため、もの心ついた時から原爆の悲惨さ、怖さを両親から聞いていたそうです。

時には医師と患者という立場に戻り、自分の病気に対する疑問を率直に中尾先生にぶつけていくこともあったそうです。その度に医師は、「被爆されたことや、手術が必要なほどの心臓の病気になった自分の運命を恨まず、昨日よりも今日がもっと元気になれるように努めてください。」と熱いメッセージを河内さんに送り続けました。

この出会い以来、中尾医師は患者である河内さんを心の師として仰ぐようにもなったそうです。『手術をさせていただいたのは、きっと何かのご縁だ』と考え、今では心臓手術を通じてのソールメイト（魂の通じ合える友）でありたいと願っていらっしゃるそうです。

人生に襲いかかった二度（被爆と心臓手術）の大きな試練、不運をものともせず、強く生きて行こうと頑張っている河内光子さんの姿は、ひまわりのような明るさを感じさせてくれます。

原爆や心臓の手術からの生還を果たし、中尾先生の言われる『三度目の生を授かった』という河内さんは、被爆者にとって、大きな勇気を与えてくれる存在です。

一方、現代に生きる人々の多くは、被爆の恐ろしさを具体的には知りません。この体験談を通して命の重さや絆のありがたさを示唆してくれる貴重な存在といえるでしょ

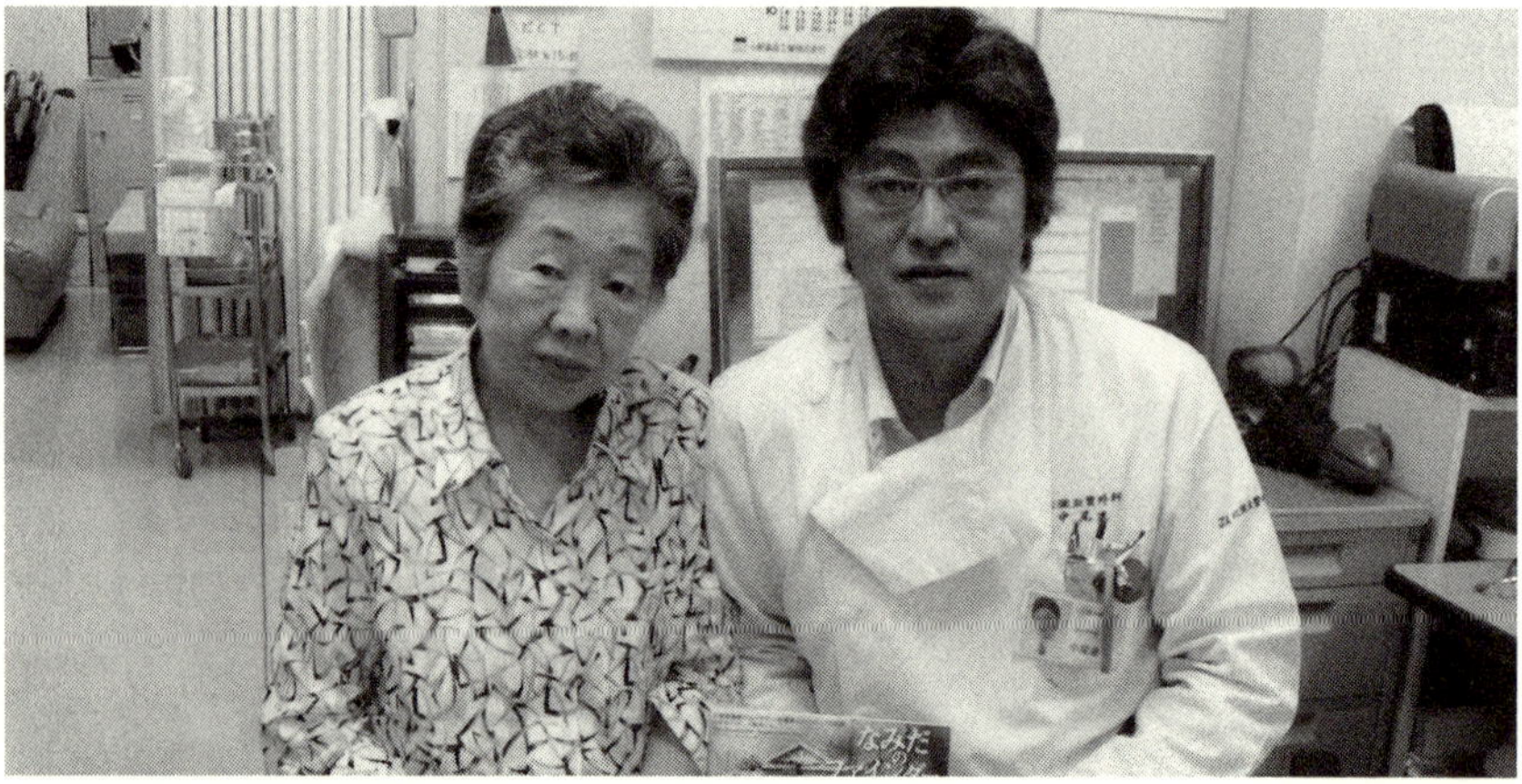

中尾達也医師と河内光子さん
1996年から2年間、豪州シドニーロイヤルプリンスアルフレッド病院心臓胸部外科医師
JA廣島総合病院にて年間130～140程の開心術実施　現在、新東京病院（千葉県）の心臓血管外科部長。

う。中尾医師とのご縁は、今までの河内さんの誠実な生き方を認めて、引き合わせてくれた何かの大きな力によるものではないでしょうか。

9．河内家の今

光子さんは、二人の母が亡くなった後はその身代わりのように、必死で家族の世話をしてきました。

お父さんは原爆で半身に大火傷を負い、能美島の親戚宅で一ヶ月の治療をしていただくことができました。ゆっくり療養できたことが回復を良くし、広島へ帰った時には風呂に入れる状態になっていました。その後、被爆の影響と思われる症状は軽く、七十歳を越えてからは、老衰と痴呆が少しずつ現われてきました。

昭和四十年、床に伏すようになってから、光子さんはできる限りの時間を見つけては看病してきましたが、翌年七十七歳で静かに息を引き取りました。爆心地のすぐ傍にある寺の墓地に眠っています。

兄の良二さんは、被爆後土佐から無事復員してきました。昭和二十三年、タンカーでイランまで石油を採取する仕事に就くことができました。光子さんが広島商業学校を卒業できたのも、このお兄さんからの仕送りがあったからだそうです。

兄も被爆者同士で結婚され、一人の娘さんに恵まれました。時には、光子さんの親代わりとなり、阪本家を支えてきた方ですが、平成十七年十二月に前立腺癌を患い他界しました。

弟の史郎さんは、昭和四十二年に被爆者同士で結婚しました。被爆者だからという戸惑いはなく、自然にお互い結婚を意識するようになって結ばれたようです。光子さんの結婚の時と違い反対をする人はいなかったそうです。

現在、七十一歳を迎え広島市内に健在です。三人の娘さんに恵まれ、それぞれ結婚しました。史郎さんは、三人のお孫さんに囲まれる日々を送っています。

光子さんは、史郎さんに会うたびに、あの日のことが思い出され、ぽつんとブランコに座っていた姿がよみがえってくるそうです。「今の幸せそうな姿を見ると嬉しさがこみ上げ涙があふれてきます。」と語っています。その史郎さんも、平成二十年、前立腺癌を患い一ヶ月入院しました。初期の段階で治療できたのでひと安心です。元来の明るい性格が病魔を追いやったのだと思えるそうです。

ご主人は、町内でも役員を定年退職以来、ずっとしてきました。光子さんも二人三脚でお手伝いをして一緒に参加してきました。

被爆六十四年目の初秋、ご主人が七十八歳にして初めて癌を宣告されました。平成二十一年九月、長時間にわたって摘出手術を受けました。その傍には弟の史郎さんが寄り添い、光子さんを支えて医師との話し合いもすべて進めてくれたそうです。

光子さんは、「今頃になって主人が癌を宣告され、大変悔しいです。担当医からは、原爆の影響とは断定できないと言われますが、いきなり抗いがたい魔物から、地面に全身を叩きつけられたような思いで、とても悲しいです。」と嘆いていました。

お母さんを原爆で奪われ、兄弟も原爆が原因かも知れない病で苦しんだことになります。

被爆の後遺症で多発している病気のひとつが癌だと言われていますが、六十四年目にして、その病気と向き合う生活が河内家と阪本家を襲ってきたのです。

ご本人の言う平凡ながらも今日まで穏やかな家庭を築き、被爆人生を家族みんなで助け合って生きてきたのに……。

ご主人の大手術を通して、被爆者として生き抜くことの厚い壁に突き当たった思いもしましたが、今日まで二人で培ってきた労りや思いやりの気持ちで、新たに病気と向き合い乗り越えていこうと決意されました。

「一人の平凡な人間が、二度目の大きな試練に立ち向かう時にどう受け止めるか試されているのかも知れません。」と語っています。光子さんの芯にある静かな強さを感じます。

ご長男は、大手会社に重要な任務でお勤めです。光子さんも、三人の孫のおばあちゃんです。

現在、光子さんの心臓手術後の結果は良好で、血流を良くするための薬を服用しているだけだそうです。健康管理に細心の注意を払いながら、原爆と向き合う生活を送っています。

原爆がもたらした数々の〈死〉と〈生〉を、家族みんなで共有しながら、辛いことも乗り越える一日一日といえるでしょう。

生きることの重みをかみしめながら、お互いの生命に息吹を注いできた日々に、家族の絆のすばらしさをみる思いです。

終わりからの始まり——取材を終えて

著者　大西知子

私が河内光子さんと初めて会ったのは、平成十三年十二月のことです。

出会いのきっかけとなったのは、前著『なみだのファインダー』でとり上げた一枚の写真でした。

私は、一九九九（平成十一）年から「広島平和記念資料館」で、ヒロシマ　ピース　ボランティアを務めています。この活動を続けているうちに史実が風化されないように、より多くの人々に「ヒロシマ」の姿を知ってもらいたいという思いが募ってきました。

そこで、本書は資料館に展示されている拡大写真（本書十四ページ参照）を撮影した松重美人氏（平成十七年歿）に取材を重ね出版したものです。

その際、松重氏が被爆直後の御幸橋西詰の写真（橋の人道は断末魔の負傷者でびっしり埋まっている光景）を指して『この後ろ姿の三角衿のセーラー服の女性は今も生きているのですよ。』と話されたのです。

私は、被爆時の状況やその後の人生について是非お話を伺いたいという思いが日増しに高まり、さまざまな情報から必死に探しました。

そして、一年後にやっとの思いで阪本光子さん（現・河内）に辿り着いた次第です。

一枚の原爆記録写真をご縁に今まで重ねてきた交流を振り返り、光子さんの人生を大きく変えさせられてしまった現実を、ヒューマンドキュメントとして活字に残したいと考えるようになりました。いつも「私の人生は平凡だから」と言う光子さんですが、逆境にあっても負けないで、むしろそれを受け入れて「平凡」に変えてしまうしなやかさに心を打たれました。

あの日（八月六日）の奇跡的な偶然性が生をもたらし、セーラー服の自分を原点とし、今日まで幾多の壁を強靭な精神でのり越えてきたのです。

被爆者（光子さん）たちがたどらされた惨苦の生は、原爆に押しつぶされまいとするたたかいの日々にほかならなかったと思います。原爆は人間としてとうてい受忍できるものではないのです。この地球に暮らす何者にも、二度と再び受忍させるようなことがあってはならないのです。

悲惨な現実を直接は知らない私たちですが、光子さんのようにどんな時にも希望を持ち、与えられた命をかがやかせ生き抜いていこうとする姿にたくさんのことを学ばせていただきました。

取材を終えた今、自分の中に新しい生き方の始まりを感じます。

この本の編集にあたっては、事実に基づいて慎重に調査を進めてきました。あくまでも光子さんからの聞き取りを軸に記録を重ねるうちに、光子さんの思いや考えに寄り添うことができるようになりました。中には、語り手の記憶違いや主観的な見方の部分もあるかもしれませんが、ご本人の思いを真摯に受けとめてまとめました。

この本を通して、家族をはじめ身近な人たちとの絆から小さな平和の輪が広がり、全人類が笑顔で手をつなぎ合う日が実現することを切に願っています。

真に平和な世界を築き上げるために、私たちに何ができるか何をすべきかを共に考え実践していく手掛かりになれば幸いです。

出版に際し、推薦文を書いてくださいました映画監督の新藤兼人氏には心からお礼を申し上げますとともに、益々のご健勝をお祈り申し上げております。

発行元の㈱東信堂（下田勝司社長）様から、献身的なお力添えをいただきました。またこの場をお借りしまして次の方々にも厚く御礼を申し上げます。

・松山大学大学院社会学研究科　小林甫教授
・(元)ＪＡ廣島総合病院　(現)新東京病院　中尾達也医師
・(元)千葉県小学校　鈴木喜美子教諭
・中国新聞社（写真提供）
・マツノ書店（地図提供）
・(故)松重美人さんのご家族
・河内光子さんのご家族

二〇十一（平成二十三）年

大西　知子（旧姓　柏原）

第 六八 号

卒業証明書

商業科

名前 阪本光子

昭和 六 年 九 月 二十四 日 生

右の者は 昭和 二十三 年 三 月 十五 日 本校所定四か年の課程を卒業
したことを証する

平成 二十 年 一 月 七 日

広島女子商学園高等学校長 渡部政治

(旧 広島女子商業学校)

〈参考文献〉

・『被爆の遺言』　広島原爆被災撮影者の会　佐々木印刷㈱　一九八五年
・『原爆を撮った男たち』（反核・写真運動編）　草の根出版会　一九八七年
・『ヒロシマ読本』　㈶広島平和文化センター　一九七八年
・『広島新史　資料編Ⅲ　地図編』　広島市　一九八四年
・『広島原爆戦災誌』　広島市役所　一九七一年
・『広島原爆被害の概要』　広島平和記念資料館　一九九八年
・『なみだのファインダー』　㈱ぎょうせい　二〇〇三年
・『広島女子商学園六十年史』　広島女子商学園編　一九八五年
・『米人記者の見たヒロシマ・ナガサキ』　㈶広島国際文化財団　一九八七年

著者紹介

大西知子（おおにし　ともこ）

1949年　愛媛県生まれ

・亜細亜大学卒業

・広島県立女子大学大学院修士課程修了

・松山大学大学院社会学研究科修士課程在学

1975年　愛媛県で小学校教師となり、松山市・伊予郡・山間部などで教鞭をとる。

1982年　広島市で小学校教師となる。

●著書

『まちづくり曼荼羅』日下部真一編　共著　大学教育出版　1999（平成11）年6月発行

『なみだのファインダー』大西（旧姓　柏原）知子監修　松重美人著　㈱ぎょうせい　2003（平成15）年8月発行

●現在の活動

・日本平和学会所属

・日本写真協会所属

・関西社会学会所属

・ヒロシマ　ピース　ボランティア（広島平和記念資料館）

命かがやいて——被爆セーラー服のなみだ——

2011年2月1日　初　版第1刷発行　〔検印省略〕

2013年9月20日　初　版第2刷発行　定価は表紙に表示してあります。

著者©大西知子／発行者 下田勝司　印刷・製本／中央精版印刷

東京都文京区向丘1-20-6　郵便振替00110-6-37828　発行所

〒113-0023　TEL (03) 3818-5521　FAX (03) 3818-5514　株式会社 東信堂

Published by TOSHINDO PUBLISHING CO., LTD.

1-20-6, Mukougaoka, Bunkyo-ku, Tokyo, 113-0023 Japan

E-mail : tk203444@fsinet.or.jp　http://www.toshindo-pub.com

ISBN978-4-7989-0031-5　C0095

東信堂

宰相の羅針盤　総理がなすべき政策
（改訂版）日本よ、浮上せよ！　村上誠一郎＋21世紀戦略研究室　一六〇〇円

福島原発の真実　このままでは永遠に収束しない
—まだ遅くない—原子炉を「冷温密封」する！　村上誠一郎＋原発対策国民会議　二〇〇〇円

3・11本当は何が起こったか：巨大津波と福島原発
—科学の最前線を教材にした暁星国際学園「ヨハネ研究の森コース」の教育実践　丸山茂徳監修　一七一四円

2008年アメリカ大統領選挙
—オバマの勝利は何を意味するのか　吉野孝・前嶋和弘編著　二〇〇〇円

オバマ政権はアメリカをどのように変えたのか
—支持連合・政策成果・中間選挙　吉野孝・前嶋和弘編著　二六〇〇円

オバマ政権と過渡期のアメリカ社会
—選挙、政党、制度メディア、対外援助　吉野孝・前嶋和弘編著　二四〇〇円

北極海のガバナンス　奥脇直也・城山英明編著　三六〇〇円

政治学入門　内田満　一八〇〇円

政治の品位—日本政治の新しい夜明けはいつ来るか　内田満　二〇〇〇円

日本ガバナンス—「改革」と「先送り」の政治と経済　曽根泰教　二八〇〇円

「帝国」の国際政治学—冷戦後の国際システムとアメリカ　山本吉宣　四七〇〇円

国際開発協力の政治過程—国際規範の制度化とアメリカ対外援助政策の変容　小川裕子　四〇〇〇円

アメリカ介入政策と米州秩序
—複雑システムとしての国際政治　草野大希　五四〇〇円

吉野川住民投票—市民参加のレシピ　武田真一郎　一八〇〇円

震災・避難所生活と地域防災力
—北茨城市大津町の記録　松村直道編著　一〇〇〇円

命かがやいて—被爆セーラー服のなみだ　大西知子　一二〇〇円

〔シリーズ防災を考える・全6巻〕

防災の社会学〔第二版〕
—防災コミュニティの社会設計へ向けて　吉原直樹編　三八〇〇円

防災の心理学—ほんとうの安心とは何か　仁平義明編　三二〇〇円

防災の法と仕組み　生田長人編　三二〇〇円

防災教育の展開　今村文彦編　三二〇〇円

防災と都市・地域計画　増田聡編　続刊

防災の歴史と文化　平川新編　続刊

〒113-0023　東京都文京区向丘 1-20-6　TEL 03-3818-5521　FAX03-3818-5514☒振替 00110-6-37828
Email tk203444@fsinet.or.jp　URL:http://www.toshindo-pub.com/

※定価：表示価格（本体）＋税

東信堂

〈未来を拓く人文・社会科学シリーズ〈全17冊・別巻2〉

科学技術ガバナンス	城山英明編	一八〇〇円
ボトムアップな人間関係—心理・教育・福祉・環境・社会の12の現場から	サトウタツヤ編	一六〇〇円
高齢社会を生きる—老いる人／看取るシステム	清水哲郎編	一八〇〇円
家族のデザイン	小長谷有紀編	一八〇〇円
水をめぐるガバナンス—日本、アジア、中東、ヨーロッパの現場から	蔵治光一郎編	一八〇〇円
生活者がつくる市場社会	久米郁夫編	一八〇〇円
グローバル・ガバナンスの最前線—現在と過去のあいだ	遠藤乾編	二二〇〇円
資源を見る眼—現場からの分配論	佐藤仁編	二〇〇〇円
これからの教養教育—「カタ」の効用	葛西康徳・鈴木佳秀編	二〇〇〇円
「対テロ戦争」の時代の平和構築—過去からの視点、未来への展望	黒木英充編	一八〇〇円
企業の錯誤／教育の迷走—人材育成の「失われた一〇年」	青島矢一編	一八〇〇円
日本文化の空間学	桑子敏雄編	二二〇〇円
千年持続学の構築	木村武史編	一八〇〇円
多元的共生を求めて—〈市民の社会〉をつくる	宇田川妙子編	一八〇〇円
芸術は何を超えていくのか？	沼野充義編	一八〇〇円
芸術の生まれる場	木下直之編	二〇〇〇円
文学・芸術は何のためにあるのか？	吉岡洋・岡田暁生編	二〇〇〇円
紛争現場からの平和構築—国際刑事司法の役割と課題	城山英明・石田勇治・遠藤乾編	二八〇〇円
〈境界〉の今を生きる	荒川歩・川喜田敦子・谷川竜一・内藤順子・柴田晃芳編	一八〇〇円
日本の未来社会—エネルギー・環境と技術・政策	城山英明・鈴木達治郎・角和昌浩編	二二〇〇円

〒113-0023 東京都文京区向丘 1-20-6　TEL 03-3818-5521　FAX03-3818-5514　振替 00110-6-37828
Email tk203444@fsinet.or.jp　URL:http://www.toshindo-pub.com/

※定価：表示価格（本体）＋税

東信堂

ハンス・ヨナス「回想記」	H・ヨナス　盛永・木下・馬渕・山本訳	四八〇〇円
責任という原理—科学技術文明のための倫理学の試み（新装版）	H・ヨナス　加藤尚武監訳	四八〇〇円
原子力と倫理—原子力時代の自己理解	Th・リット　小笠原道雄編	一八〇〇円
感性のフィールド—ユーザーサイエンスを超えて	桑子敏雄・千代章一郎編	二六〇〇円
環境と国土の価値構造	桑子敏雄編	三五〇〇円
メルロ＝ポンティとレヴィナス—他者への覚醒	屋良朝彦	三八〇〇円
概念と個別性—スピノザ哲学研究	朝倉友海	四六四〇円
〈現われ〉とその秩序—メーヌ・ド・ビラン研究	村松正隆	三八〇〇円
省みることの哲学—ジャン・ナベール研究	越門勝彦	三二〇〇円
ミシェル・フーコー—批判的実証主義と主体性の哲学	手塚博	三二〇〇円
カンデライオ（ジョルダーノ・ブルーノ著作集 1巻）	加藤守通訳	三二〇〇円
原因・原理・一者について（ジョルダーノ・ブルーノ著作集 3巻）	加藤守通訳	三二〇〇円
傲れる野獣の追放（ジョルダーノ・ブルーノ著作集 5巻）	加藤守通訳	四八〇〇円
英雄的狂気（ジョルダーノ・ブルーノ著作集 7巻）	加藤守通訳	三六〇〇円
ロバのカバラ—ジョルダーノ・ブルーノにおける文学と哲学	N・オルディネ　加藤守通監訳	三六〇〇円
〔哲学への誘い—新しい形を求めて　全5巻〕		
哲学の立ち位置	松永澄夫・鈴木泉編	三二〇〇円
哲学の振る舞い	松永澄夫・村瀬鋼編	三二〇〇円
社会の中の哲学	松永澄夫・高橋克也編	三二〇〇円
世界経験の枠組み	松永澄夫・伊佐敷隆弘編	三二〇〇円
自己	松永澄夫・浅田淳一編	三二〇〇円
哲学史を読むⅠ・Ⅱ	松永澄夫	各三八〇〇円
言葉は社会を動かすか	松永澄夫編	二三〇〇円
言葉の働く場所	松永澄夫編	二三〇〇円
食を料理する—哲学的考察	松永澄夫	二〇〇〇円
言葉の力（音の経験・言葉の力第Ⅰ部）	松永澄夫	二五〇〇円
音の経験（音の経験・言葉の力第Ⅱ部）—言葉はどのようにして可能となるのか	松永澄夫	二八〇〇円
環境　安全という価値は…	松永澄夫編	二〇〇〇円
環境　設計の思想	松永澄夫編	二三〇〇円
環境　文化と政策	松永澄夫編	二三〇〇円

〒113-0023　東京都文京区向丘 1-20-6　TEL 03-3818-5521　FAX03-3818-5514　振替 00110-6-37828
Email tk203444@fsinet.or.jp　URL:http://www.toshindo-pub.com/

※定価：表示価格（本体）＋税

東信堂

- オックスフォード キリスト教美術・建築事典　P&L・マレー著　中森義宗監訳　三〇〇〇〇円
- イタリア・ルネサンス事典　J・R・ヘイル編　中森義宗監訳　七八〇〇円
- 美術史の辞典　P・デューロ他　中森義宗・清水忠訳　三六〇〇円
- 日本人画工 牧野義雄—平治ロンドン日記　ますこ ひろしげ　五四〇〇円
- ネットワーク美学の誕生　川野洋　三六〇〇円

〔芸術学叢書〕

- 芸術理論の現在—モダニズムから　藤枝晃雄・谷川渥編著　三八〇〇円
- 絵画論を超えて　尾崎信一郎　四六〇〇円
- 美を究め美に遊ぶ—芸術と社会のあわい　江藤光紀・荻野厚志・田中佳編著　二八〇〇円
- バロックの魅力　小穴晶子編　二六〇〇円
- 新版 ジャクソン・ポロック　藤枝晃雄　二六〇〇円
- 美学と現代美術の距離—アメリカにおけるその乖離と接近をめぐって　金悠美　三八〇〇円
- ロジャー・フライの批評理論—知性と感受性の間で　要真理子　四二〇〇円
- レオノール・フィニ—境界を侵犯する新しい種　尾形希和子　二八〇〇円
- いま蘇るブリア＝サヴァランの美味学　川端晶子　三八〇〇円

〔世界美術双書〕

- バルビゾン派　井出洋一郎　二〇〇〇円
- キリスト教シンボル図典　中森義宗　二三〇〇円
- パルテノンとギリシア陶器　関隆志　二三〇〇円
- 中国の版画—唐代から清代まで　小林宏光　二三〇〇円
- 象徴主義—モダニズムへの警鐘　中村隆夫　二三〇〇円
- 中国の仏教美術—後漢代から元代まで　久野美樹　二三〇〇円
- セザンヌとその時代　浅野春男　二三〇〇円
- 日本の南画　武田光一　二三〇〇円
- 画家とふるさと　小林忠　二三〇〇円
- ドイツの国民記念碑—一八一三年—一九一三年—　大原まゆみ　二三〇〇円
- 日本・アジア美術探索　永井信一　二三〇〇円
- インド、チョーラ朝の美術　袋井由布子　二三〇〇円
- 古代ギリシアのブロンズ彫刻　羽田康一　二三〇〇円

〒113-0023　東京都文京区向丘 1-20-6　TEL 03-3818-5521　FAX03-3818-5514　振替 00110-6-37828
Email tk203444@fsinet.or.jp　URL:http://www.toshindo-pub.com/

※定価：表示価格（本体）＋税

（居住福祉ブックレット）

居住福祉資源発見の旅 …新しい福祉空間、懐かしい癒しの場	早川和男	七〇〇円
どこへ行く住宅政策 …進む市場化、なくなる居住のセーフティネット	本間義人	七〇〇円
漢字の語源にみる居住福祉の思想	李 桓	七〇〇円
日本の居住政策と障害をもつ人	大本圭野	七〇〇円
障害者・高齢者と麦の郷のこころ …住民、そして地域とともに	伊藤静美・田中秀樹・加藤直人	七〇〇円
地場工務店とともに：健康住宅普及への途	山本里見	七〇〇円
子どもの道くさ	水月昭道	七〇〇円
居住福祉法学の構想	吉田邦彦	七〇〇円
奈良町の暮らしと福祉：市民主体のまちづくり	黒田睦子	七〇〇円
精神科医がめざす近隣力再建 …進む「子育て」砂漠化、はびこる「付き合い拒否」症候群	中澤正夫	七〇〇円
住むことは生きること …鳥取県西部地震と住宅再建支援	片山善博	七〇〇円
最下流ホームレス村から日本を見れば	ありむら潜	七〇〇円
世界の借家人運動 …あなたは住まいのセーフティネットを信じられますか？	髙島一夫	七〇〇円
「居住福祉学」の理論的構築	柳中権・張秀萍	七〇〇円
居住福祉資源発見の旅Ⅱ …地域の福祉力・教育力・防災力	早川和男	七〇〇円
居住福祉の世界：早川和男対談集	早川和男	七〇〇円
医療・福祉の沢内と地域演劇の湯田 …岩手県西和賀町のまちづくり	高橋典成・金持伸子	七〇〇円
「居住福祉資源」の経済学	神野武美	七〇〇円
長生きマンション・長生き団地	千代崎一夫・山下千佳	八〇〇円
高齢社会の住まいづくり・まちづくり	蔵田 力	七〇〇円
シックハウス病への挑戦 …その予防・治療・撲滅のために	後藤三郎・迎田允武	七〇〇円
韓国・居住貧困とのたたかい：居住福祉の実践を歩く	全 泓奎	七〇〇円
精神障碍者の居住福祉 …宇和島における実践（二〇〇六～二〇一一）	財団法人正光会編	七〇〇円

東信堂

〒113-0023 東京都文京区向丘 1-20-6 TEL 03-3818-5521 FAX03-3818-5514 振替 00110-6-37828
Email tk203444@fsinet.or.jp URL:http://www.toshindo-pub.com/

※定価：表示価格（本体）＋税